当番弁護士は刑事手続を変えた

弁護士たちの挑戦

福岡県弁護士会 編

現代人文社

◎発刊にあたって

上田英友

2018（平成30）年度福岡県弁護士会会長

　「当番弁護士は刑事手続を変えた——弁護士たちの挑戦」の発刊にあたり，福岡県弁護士会を代表して，ご挨拶をさせていただきます．

　1990年に当会が全国に先駆けて，待機制の当番弁護士を実施してから，30年目を迎えました．この間，当番弁護士制度が全国の弁護士会に広がり，その結果，被疑者国選制度の実現に至り，現時点では，勾留段階の被疑者国選は，全勾留事件にまで拡大されております．

　身柄を拘束された被疑者は，無罪が推定されており，弁護人の責務として冤罪を防止すべきことはもちろんですが，被疑事実に争いがない場合であっても，弁護人は，被害弁償を行い，環境改善等を進めることによって，被疑者が，更生への道を歩むための支援をすることができます．被疑者段階における弁護人の役割は非常に大きいものです．その役割を十分に果たすためにも，勾留段階の被疑者国選対象事件が全勾留事件にまで拡大された今，逮捕段階の公的弁護の実現に向けて，さらなる努力を続けていく必要があります．

　当番弁護士制度の発足，その後の発展拡大に伴って，まず，弁護士の被疑者弁護に対する意識が変わりました．また，弁護人の活動によって，被疑者に関わる警察官，検察官の意識が変わり，裁判官の意識も変わって行きました．合わせて，報道機関の被疑者に対する認識も変わり，市民の意識も変わって行きました．当番弁護士制度の歴史は，被疑者に関わる関係者の意識改革の歴史と言っても過言ではありません．

＊

　本書では，当番弁護士制度の発足の経緯から，今日までの制度発展の歴史を知ることができますが，それだけに留まらず，当番弁護士制度の拡大によって関係者の意識改革がどのように変わっていったのか，その意識改革の歴史も読み取っていただける内容となっております．そして，その意識改革の歴史を確認していただくことによって，弁護士の刑事弁護に対する姿勢について，改めて考える切っ掛けともなれば幸いに存じます．

また，本書には，若手弁護士の座談会や弁護活動の事例報告も掲載されており，具体的な弁護活動の参考にしていただけるものと思われます．

　最後になりましたが，「当番弁護士制度発足25周年記念シンポジウム／陽は西から昇る～当番弁護が変えた刑事司法」（2016年）にご参加いただいた皆さま，本書の作成に当たり，ご多忙の中，貴重な報告書の執筆やパネルディスカッションや座談会へのご参加に協力いただいた皆さまへ深く感謝申し上げます．

（うえだ・ひでとも）

◎プロローグ
弁護士(弁護人)って何？ 当番弁護士制度って何？

西野裕貴

福岡県弁護士会刑事弁護等委員会委員

　身近にいる「大切な人」(あなたの配偶者，親，子，親戚，交際相手，友達などを想像して欲しい)が逮捕されたとき，あなたはどうするだろうか．「大切な人」が無実の罪（冤罪）で逮捕されたのではないか，警察の留置場の中で今後どうなるかもわからず一人で不安になっているのではないか，直接会いに行って話をして少しでも気を楽にさせたいなどといろいろなことを思うかもしれない．

　しかし，日本の刑事司法制度では，「大切な人」が逮捕・勾留されているとき，あなた自身が「大切な人」に会うことは必ずしもできないことになっている．「では，どうしたらいい？」と考えたとき，多くの人が「弁護士」の存在を思い浮かべるのではないだろうか．ただ，そのことと同時に，「すぐに依頼できるような弁護士なんていない」「弁護士に依頼するのには多額の費用がかかるのではないか」と考え，弁護士に相談または依頼することを躊躇する人も多いのではなかろうか．

　そして，そのような気持ちになるのは，おそらく，あなただけではない．逮捕された「大切な人」も同じだろう．もしそうだとすれば，「大切な人」が弁護士に相談または依頼できないままの状態が続いてしまうだろう．

　ところで，弁護士が逮捕された「大切な人」に会いに行ったとして，そもそも何をしてくれるのだろうか．

　弁護士によって対応は様々であろうが，概ね，次のようなことを確認したり話したりするだろう．

　逮捕された「大切な人」がどのような人（住所，仕事，年齢，家族構成等）か，いつ逮捕されたか，逮捕の根拠となった事実が何なのか，そのような事実が本当にあったのかなかったのか，警察官からどのような取調べを受けているのか，不当に厳しい取調べになっていないか，やっていないのにやったと認

めた旨の調書が作成されていないか，アリバイはないか，アリバイを証明する証拠はないか，今後の身体拘束期間の見通し，黙秘権があること等である．また，「大切な人」が逮捕の根拠となった事実に間違いがないと認めた場合には，逮捕された「大切な人」の代わりに被害者へ謝罪したり被害弁償したりすることもある．身体拘束期間ができるだけ短くなるように検察官や裁判所に働きかけることもあるだろう．

　これら弁護士の活動の中で弁護士が特に気を遣うのは「大切な人」が犯罪にあたる行為をしてもいないのにしたことを認める旨の供述調書（証拠）が作成されないようにすることであると思われる．

　犯罪にあたる行為をやっていない人が，犯罪をしたと認めることがあるのかと疑問に思う人がいるかもしれない．しかし，現実には，そのようなことが稀ではない．その理由はさまざまであろうが，罪を認めれば早期に釈放されると考えたり，厳しい取調べに耐えかねて自暴自棄になり罪を認めたりすることがありうる．

　弁護士は，無実の人について有罪の証拠が作られないようすることを主眼としながら，先に述べたような「大切な人」のためになる活動に尽力するのである．

　このように，弁護士の活動は，無実の人が罪に問われ刑罰を科せられないために極めて重要なものである．無実の人に刑罰が科せられることはあってはならないのであるから，冤罪を防ぐため「大切な人」が逮捕された段階で直ちに弁護士が「大切な人」に会いに行く制度が存在するべきであると考えられてきた．そして，費用を気にするあまりに弁護士を依頼することができないと困るから，国の費用負担で弁護士が当然に面会に行く制度があるべきだとも考えられてきた．

そうであるのに，日本にはそのような制度がつい四半世紀程前までは存在しなかったのである．

　このことが，これまでの我が国の刑事司法に大きな影を落としてきた．1980年代，免田，松山，財田川，島田事件という４つの死刑冤罪事件の再審において無罪判決が言い渡された．上記４事件のうち，３事件は被疑者段階（裁判にかけられる前の段階であり，原則最大23日間身体拘束される）でそもそも弁護人がいなかった．残りの１件も裁判提起直前に１回だけ弁護人が接見（面会）したに過ぎず弁護人の助言が受けられないまま作成された自白調書が死刑判決の重要な証拠とされた．これらの事件は後にその判断が誤りであったことが再審という手続きで確認され４件とも無罪判決となった．これらの事件では，被疑者段階で弁護人が付いていれば，そもそも死刑判決が出されることを防ぐことが可能であったかもしれない．

　弁護士は，上記４事件を受けて，冤罪を生み出す現状を悔いた．被疑者段階で冤罪を防ぐ役割が与えられているのは，他でもなく弁護士であるのに，これを全うできない現状を悔いた．

　このような状況に直面した弁護士は，人的・財政的に多くの問題を抱えながらも「冤罪を無くしたい」という一心から，逮捕等された人に直ちに無料で面会に行く制度，いわゆる「当番弁護士制度」を始めた．1990年，大分県・福岡県弁護士会がその口火を切ったのである．

　制度立上げ当初，制度に対する各方面からの協力が得られるかは必ずしも明らかではなかった．しかしながら，被疑者・被告人の人権を守ろうとする弁護士の熱い気持ちは，裁判所，報道機関，市民などを動かすこととなる．その結果，当番弁護士制度は，広辞苑に収録されるなどして国民一般に受け入れられる制度にまで成長した．

　当初，当番弁護士制度の財源は，弁護士が自ら負担していたが，制度が国民に受け入れられたことなどにより，2006年に一部重大事件の被疑者弁護が国費で賄われる被疑者国選弁護制度が創設され，2009年には対象事件が大幅に拡大され，2018年には勾留全事件が被疑者国選弁護制度の対象となった．

　当番弁護士制度は，被疑者弁護の拡充の先駆けというべき制度であり，被疑者弁護の質を向上させる上で重要な役割を果たしてきた制度であるといえるだろう．

（にしの・ゆうき）

当番弁護士は刑事手続を変えた
弁護士たちの挑戦

目次

発刊にあたって 上田英友……………………2
プロローグ──弁護士（弁護人）って何？ 当番弁護士制度って何？ 西野裕貴 4

第1部　当番弁護士制度の誕生とその成果

当番弁護士制度発足25周年記念シンポジウム

1 【基調報告】当番弁護士が変えた刑事司法　村岡啓一……………12
2 当番弁護士制度発足に向けた
　福岡県弁護士会の活動　美奈川成章……………20
3 一般会員を巻き込んだ当番弁護　萬年浩雄………………28
4 裁判所から見た当番弁護　中山隆夫……………………34
5 報道機関・一般市民から見た当番弁護　傍示文昭……………42
6 当番弁護士制度発足の裏側
　──人的・物的・制度的側面から　安武雄一郎……………46
7 【パネルディスカッション】
　当番弁護士制度の意義と刑事司法にあたえた影響
　中山隆夫・村岡啓一・傍示文昭・美奈川成章・安武雄一郎・高平奇恵…50
8 当番弁護士制度と市民の会に関する一考察　久保親志…………77

第2部　被疑者弁護の現状と課題

1 被疑者弁護の充実化とその課題
　──2016年刑事訴訟法改正を契機として　岡田悦典…………84
2 データから見た当番弁護士制度の意義及び影響等
　本書編集委員会………………104

第3部　当番弁護士・被疑者国選弁護制度による刑事手続の変化

1 【若手座談会】若手弁護士，当番弁護を語る
　　——弁護士・弁護士会のこれまでとこれから
　　石井謙一・安孫子健輔・緒方枝里・服部貴明・髙松賢介
　　平田えり・松﨑広太郎・甲木真哉……………………………132

2 　事例報告
　　①窃盗罪で現行犯逮捕された少年の勾留請求が却下された事例
　　　一坊寺麻希………………………171
　　②精神疾患の疑いがあるとして早期の釈放を獲得した事例
　　　高柴将太………………………176
　　③強姦致傷等で逮捕された男性が，早期の示談交渉で
　　　不起訴処分となった事例　藤村元気………………………179
　　④通貨偽造が疑われた少年への連日接見と
　　　黙秘方針で同罪での家裁送致を回避した事例　木薮智幸…………185
　　⑤公務執行妨害で逮捕されたが，勾留準抗告が認められ，
　　　略式処分になった事例　大野智恵美………………………189

年表・当番弁護士制度のあゆみ………………………194
おわりに　德永響………………………196

当番弁護士の活動を掲載した『当番弁護士のあゆみ』(福岡県弁護士会、(財)法律扶助協会福岡県支部)

第1部
当番弁護士制度の誕生とその成果

◉第1部／当番弁護士制度の誕生とその成果

◉当番弁護士制度発足25周年記念シンポジウム

1 当番弁護士が変えた刑事司法
【基調報告】

村岡啓一
一橋大学法学研究科特任教授

1．はじめに

　「当番弁護士制度」が全国展開をしてから4半世紀（25年）が経過したと聞き，「それほどの時が流れたのか」と驚くとともに，当番弁護士制度の延長線上にある被疑者段階の国選弁護人制度が拡大していることに思いを致すと，「ますます刑事弁護人の役割は重く，かつ，広くなっているな」とつくづく思います．

　私がこの記念すべきシンポジウムにお招きいただいたのには理由があります．今日のシンポジウムのタイトルにあるように，わが国における「当番弁護士」の発祥の地は，大分と福岡という「西」の地にありますが，この制度がスタートする段階に私が深く関わっていたからです．「当番弁護士」という言葉が，初めて『現代用語の基礎知識』に収録された当時，発祥の地が大分と福岡であることがはっきりと書かれていました．しかし，今のウィキペディアにはそれが書かれていません．今日は，その制度化に至る裏事情も含めて，「日弁連の戦後最大のヒット商品」と称された「当番弁護士」がなぜ生まれたのか，また，それは刑事司法の何を変えたのかを振り返ってみたいと思います．

2．当番弁護士以前の刑事弁護の状況

　日本国憲法には34条と37条3項に「弁護人」という言葉が登場します．刑

事司法の不可欠のアクターとして「弁護人」の存在が認められているのです．しかし，国の税金によって弁護人を付する，いわゆる国選弁護制度は，起訴後の被告人[*1]に限ると理解されており，被疑者[*2]段階の『起訴前弁護』という概念すら一般的ではありませんでした．もちろん，一部には被疑者段階の私選弁護人[*3]の活動はありましたが，圧倒的多数の被疑者には弁護人がついていませんでした．

また，被疑者段階で私選弁護人となったとしても，起訴前の保釈制度はなく，刑訴法39条3項に基づき，検察官による一般的指定[*4]がなされていたために，「面会切符」と呼ばれた具体的指定書がないと被疑者と接見することすらできない状態でした．

当時の刑事司法の状況を表現すると次のようになります．「刑事司法全体を覆う自白偏重傾向[*5]がある中，身柄に関する穏やかな令状実務[*6]によって，被疑者は，捜査官が支配する代用監獄[*7]に長期にわたって勾留され，かつ，密室の中で取調べを受ける．その結果，作成された調書には問題があるにもかかわらず，法廷では，裁判官の偏見・予断あるいは捜査官に対する過度の信頼があり，その任意性および信用性について厳格な審査がなされず，証拠として採用される．そのため，書面中心の審理・事実認定となっている」[*8]．

一言でいえば，自白偏重主義の下で，「人質司法」[*9]と「調書裁判」[*10]によっ

---

*1 裁判を起こすことを起訴というが，被疑者は起訴により被告人と呼ばれることになる．
*2 被疑者とは，罪を犯したと疑われている者のことをいう．
*3 被疑者またはその家族等が自ら費用を出して選任する弁護士のことをいう．国選弁護人の対概念として用いられる．
*4 全面的に弁護人と被疑者が面会（接見）することを禁止することをいう．具体的指定書により例外的に弁護人と被疑者の接見が許されるという運用であった．
*5 犯罪を立証する際に物証ではなく自白に重きが置かれていることをいう．やってもいない犯罪を自白してしまうことが度々あり，冤罪の温床となってきた．
*6 被疑者の身体を拘束するには，裁判官が逮捕状等の令状を出すことが必要である．令状の発付には要件があるものの，その要件を緩やかに解し比較的簡単に身体拘束がなされてきた．
*7 刑務所，拘置所等の刑事施設に収容することに代えて，警察署等にある留置施設（留置場）に留置することをいう．留置施設には捜査官がいることが通常であるため，捜査官による取調べが容易であり，長時間の取調べ等の弊害の温床になっている．
*8 東京弁護士会法友全期会「新生・法友全期会10周年記念シンポジウム 被疑者国選弁護の実現を目指して―国際人権から考える―」報告書（1990年）4頁．
*9 身柄の長期拘束によって自白を得ようとする捜査等を指す言葉として用いられる．
*10 刑事裁判では，公判中心主義といって，法廷で事件について知っている人から直接話を聴くことが原則であるが，実際には，裁判外で捜査官が作成した調書により裁判が行われていることを指す言葉として用いられている．

て刑事司法は形骸化していました．平野龍一博士は，『現行刑事訴訟法の診断』[*11]という論文の中で，憂慮すべき現状を指摘したうえで，「ではこのような訴訟から脱却する道があるか，おそらく参審か陪審[*12]でも採用しない限り，ないかもしれない．現実は，むしろこれを強化する方向に向かってさえいるように思われる．わが国の刑事裁判はかなり絶望的である．」と評しました．こうした現状の下で，1983年から1989年までの間に相次いで，虚偽自白に依拠した，いわゆる死刑再審4事件（免田事件，財田川事件，松山事件，島田事件）の冤罪が判明しました．

では，弁護士の側に問題がなかったかというと，深刻な「刑事弁護離れ」の現象が起こっていました．実力や経験を持った多くの中堅の弁護士が刑事弁護から手を引くようになっていました．当時実施されたあるアンケートの結果によると，61％が「刑事弁護を敬遠したくなる気持ちになる」と答えています．[*13]絶望的と言われる刑事司法の状況が弁護士の刑事弁護離れを生み，刑事弁護離れによる刑事弁護の停滞が更なる刑事司法の形骸化をもたらすといった悪循環に陥っていました．

日弁連は，1989年（平成元年）9月の松江市で開催された人権擁護大会の『刑事訴訟法40周年宣言』において，刑事手続を抜本的に見直し，制度の改正と運用の改善を図り，あるべき刑事手続の実現に向けて全力を挙げて取り組むことを宣言しました．この宣言が大きな意味を持つことになったのは，警察，検察庁，裁判所に対する批判だけではなく，弁護士自身も改革に取り組むという姿勢を明らかにしたことでした．この宣言をうけて，日弁連刑事弁護センターが創設されることになり，各地の弁護士会で被疑者段階の弁護に焦点を合わせた取り組みの模索が始まりました．こうした土壌に一粒の種としてたまたま撒かれたのが，イギリスの当番弁護士制度「Duty Solicitor Scheme」の紹介でした．

3．当番弁護士の必要性が叫ばれた経緯

私は，当時，札幌弁護士会所属の弁護士として刑事事件を多く扱い，接見

---

*11　平場安治ほか編『團藤重光博士古希祝賀論文集第4巻』（有斐閣，1985年）407頁．
*12　「参審」「陪審」は裁判に一般市民が参加する訴訟形態である．
*13　前注8報告書5頁のアンケート結果参照．

14　第1部　当番弁護士制度の誕生とその成果

交通権確立実行委員会[*14]の創設時からのメンバーでした．そこで，福岡の上田國廣先生や美奈川成章先生と一緒になり，全国で闘われていた接見交通権侵害をめぐる国家賠償事件の支援と理論構築をしていました．一般的指定制度の廃止を求めるヒントを得るためには，当時，IRA（アイルランド共和軍）のテロ容疑者につき弁護人との接見を制限していた北アイルランドの接見指定制度を研究する必要があると考え，私費で1987年から２年間英国に留学しました．しかし，念願の北アイルランドに渡航することは危険が大きすぎて叶いませんでした．その代わりに，私は，1984年に初めて制定された「イギリス警察・刑事証拠法Police and Criminal Evidence Act」（略称PACE）の実際の運用を調査することにしました．PACEを議論する学会で，私はたまたまロジャー・イードという著名な弁護士と知り合い，その法律事務所で当番弁護士（Duty Solicitor）と一緒に行動するという機会に恵まれました．かつては英国も日本と同じように自白を獲得するために弁護人の被疑者接見を制限していましたが，コンフェ事件という冤罪を機に被疑者弁護の必要性が強く認識され，弁護士のボランティア活動から始まった24時間の警察当番弁護士制度が法律によって制定されたのでした．私は，この当番弁護士と一緒に行動した体験を持って1989年（平成元年）６月に帰国しました．

　久しぶりに戻った接見交通権確立実行委員会で，委員仲間から「お前，当番弁護士って知っているか？」と問われ，私自身が驚きました．「何で，知っているんだ？俺はそれを体験してきたんだよ」と返答したものです．私は，そこで初めて，私が帰国する直前の５月に，NHKが庭山英雄香川大学教授をコーディネーターとした『ドキュメント冤罪―誤判はなくせるか・英米司法からの報告』を放映し，弁護士の間に大きな反響が生じていることを知りました．

　私は，札幌弁護士会の会報に体験記「当番弁護士，出動す」を書いていましたが，「制度の詳細を話せ」ということで，同年10月27日，新生・法友全期会10周年記念シンポジウム『被疑者国選弁護の実現を目指して――国際人権法から考える』に招かれました．そこで驚いたことは，東京弁護士会の一派閥のシンポジウムであるにもかかわらず，全国から英国の当番弁護士制度の詳細を知るために多くの弁護士が来ていたことでした．その最前列にいて

---

*14　身体の拘束を受けている被疑者または被告人が弁護人（弁護人となろうとする者を含む）外部の人物と面会し，また書類や物品の授受をすることができる権利をいう．

テープ録音をしていたのが福岡の萬年浩雄弁護士でした．私は，報告の中では，日本と英国とでは，法律扶助の規模，弁護士の数，勾留期間の違い（24時間対23日，実質的には，6時間対23日），弁護人の接見侵害を理由とする証拠排除法則の有無等々であまりにも違いがありすぎるので，日本への導入は困難であるという趣旨の消極的意見を述べました．ところが，質疑および討論では，その困難を乗り越えるべきだという意見が圧倒的に多かったのです．萬年先生は，その時，参加者全員の前で，福岡では2人1組で携帯電話をリレーする形態の当番弁護士を導入する構想が進んでいると言い切りました．私に対して，萬年先生が，「当番弁護士は福岡が最初にやるバイ」と言ったのには，本当に驚きました．

　そして，1990年（平成2年）1月27日，九州弁護士連合会と福岡県弁護士会が主催する「起訴前弁護活動に関する九州会議——接見交通権確立を中心に」が開催され，私は，再び，イギリスの当番弁護士制度について話す機会が与えられました．当時の九弁連理事長の徳永賢一先生は，この会議の趣旨をこう述べました．「今わが国の刑事裁判は絶望的であると言われております．絶望は死に至る病であります．我々は日本の刑事裁判を死に至らしめてはならない．この祈りにも似た思いを込めて，九州各県から，そして全国からこの博多の地，この日，この時，このようにして我々は集まったのであります．……私は各位の英知を結集し，その結果を共有することにより，起訴前弁護に関する九州会議を絶望の縁から刑事裁判をよみがえらせるための九州における刑事弁護の原点たらしめたいと考えております」と．

　そして，討議の中で，中島繁樹先生が，福岡県弁護士会において1か月以内に携帯電話を利用した当番弁護士制度の実現可能な案を提示すると宣言しました．翌日の朝，私が泊まったホテルの部屋に差し入れられた新聞の第一面には，大きく「当番弁護士，福岡県弁護士会で導入」の見出しが躍っていました．最初，私は，「なんで，『法律新聞』がここにあるんだろう？」と思ったものです．

　その後，私は福岡県弁護士会の英国調査の水先案内人を務めるために，札幌から何度か福岡に行くことになりましたが，札幌から福岡までの直行便も東京経由の便もつまらないので，接見交通権確立実行委員会の委員でもあった大分県弁護士会会長の濱田英敏弁護士に「別府温泉に泊まってから福岡に行きたい」と言いました．すると，濱田先生は「お安い御用だ．その代り一つ条件がある．先日の九州会議で話していた当番弁護士のパネル制について

もう少し詳しく話してくれないか」と言いました．既にご存知の方が多いと思いますが，当番弁護士には，「ロータRota」と呼ばれる当番表に従って当番弁護士が待機している形態と，「パネルPanel」と呼ばれる名簿に掲載された一群の弁護士の中から，時間的に都合のつく弁護士が急遽当番弁護士を務める形態とがあります．大分県弁護士会が検討していたのは後者のパネル制でした．

その結果，大分県弁護士会の重鎮と若手の先生方5名（この中には，後の会長となる徳田靖之先生や，佐伯支部の西山巖先生がいました）が別府明礬温泉岡本屋に集まって，私のパネル制の説明を聞き，「当番制ではない名簿制であれば，少人数の大分県弁護士会でも対応が可能かもしれない」という判断をされました．これが，1990年9月，大分が全国に先駆けてわが国で最初の当番弁護士の発祥の地となった背景です．

私は，地元の北海道では，「北海道の実情を知っていながら，とんでもない制度を持ち込んだ奴だ」とずいぶん非難されましたが，皆，被疑者段階の弁護の必要性は十分に認識していたため，1992年には，広大なエリアを抱える函館，旭川，釧路も当番弁護士の実施に踏み切りました．大分の先例を前にして，「少人数の単位会だからできない」という抗弁は完全に封じられていました．

私は，大分と福岡が先陣を切らなければ，いくら弁護士の間に被疑者弁護を何とかしたいという思いがあったとしても，2年間という短期間に全国に当番弁護士制度を展開することは不可能であっただろうと思います．まさしく，当番弁護士の「陽は西から昇った」のです．

4．当番弁護士制度の発足と拡がり

当番弁護士が全国に普及したことには，先の「刑事訴訟法40周年宣言」を受けて，1990年に日弁連刑事弁護センターが設立され，その下部組織として，各単位弁護士会に刑事弁護の質の向上を目的とする刑事弁護委員会が設立されたことが大きかったと思います．当時の当番弁護士のイメージは，現場に駆けつける救急車であり，その後を担う病院ないし診療所がなければ，到底，被疑者弁護を実現したことにはならなかったからです．また，弁護士に無償の奉仕を強いるボランティア制度では先細りが目に見えていたため，当番弁

護士の後を引き継ぐ弁護人の制度として，法律扶助協会の「刑事被疑者弁護人援助制度」ができたこと，日弁連が「当番弁護士緊急財政基金」の創設を提案して，会員の支持を得て全会員から特別会費を徴収するに至ったことも画期的なことでした．「弁護士会自らが改革に取り組む」という姿勢を，弁護士会だけの力で貫徹したわけですから，最初は「お手並み拝見」と制度の実現には懐疑的であった裁判所や検察庁からも評価されるようになり，裁判所による当番弁護士制度の告知へとつながりました．単なる批判勢力と目されていた日弁連が自らの手で当番弁護士制度を実現したということは，間違いなく，日弁連のステータスを高めることになりました．

　もう一つ忘れてならないのは，福岡県弁護士会が考案した「委員会派遣制度」です．これは，被疑者からの要請を待たずに重大事件の発生があれば，弁護士会の判断で当番弁護士を派遣するという画期的なシステムです．これがきっかけとなって，刑訴法39条1項の「弁護人となろうとする者」の意義（従来の判例は，弁護人選任を受けているが未だ弁護人選任届を提出していない者を指すとしていた）が大きく被疑者弁護の実質的必要性の観点から見直されることになりました．

5．当番弁護士がもたらした変化・意義

　イギリスでも日本でも，被疑者段階に弁護人の援助が及ばないことが問題として認識され，そこから，最初は弁護士のボランティア活動から出発したという点では同じです．イギリスでは，1984年警察・刑事証拠法によって警察当番弁護士制度は国家制度となりました．日本でも，当番弁護士によって被疑者段階の弁護の重要性の認識が高まると同時に，やはり，被疑者段階の国選弁護人制度が国家レベルでの改革課題となってきました．

　理念的には，憲法上，身体拘束をされた被疑者のすべてに国選弁護人が付されるべきですが，現実的には，弁護士の数といった対応能力に制約があることから，わが国では，段階的な拡大を図るという漸進的な改革が進行しています．2006（平成18）年の重大事件（死刑または無期もしくは短期1年以上の懲役若しくは禁錮）の被疑者国選を皮切りに，2009（平成21）年には，必要的弁護事件（長期3年を超える懲役・禁錮）まで被疑者国選が拡大され，現在（2016〔平成28〕年）審議中の刑事訴訟法改正案では，全勾留事件まで被疑者国選を

拡大することが構想されています。*15 いずれは、英米諸国並みに、逮捕段階からの被疑者国選も実現することでしょう。

　私は、こうした被疑者弁護の対象者の拡がりにとどまらず、弁護士が被疑者段階の弁護活動の重要性を、実際に身を持って体験していることこそが大きな変化と言えるように思います。かつては、「被疑者弁護」という言葉はあっても何をすればよいのかわからなかったのが、今日では、『刑事弁護マニュアル』や『接見交通権マニュアル』等によって、警察や検察の強圧的な取調べに対する監視、不要な身体拘束からの解放、弁護側の反証活動など多様な弁護活動をすることによって、不起訴処分やより軽い罪での起訴、起訴後の早期保釈を得るなどの成果を挙げることが決して珍しいことではなくなってきています。同様に、弁護士の被疑者接見が、被疑者の防御主体性を引出し、被疑者とその家族をも激励するものとなっていることも従来なかった大きな変化といってよいでしょう。

　特に、現在は刑事司法の大変革期に当たっており、仮に、現在、国会で審議中の刑事訴訟法改正案が法制化されると、（私自身は反対の立場ですが）取調べの可視化や司法取引といった新しい制度の導入によって、被疑者段階の弁護は一層困難かつ重大な責任を担うことになります。*16 こうした状況を前にすると、当番弁護士の果たす役割は依然として重要であり、「陽は西から昇る」状況はいまだに続いており、それゆえに、福岡県弁護士会の天空を目指す「アポロンの御者」としての役割に期待するところは誠に大きいと考える次第です。

　今後の皆様方のご活躍を心より祈念いたします。

（むらおか・けいいち）

＊15　2018年6月から全勾留事件が被疑者国選の対象となった。
＊16　司法取引は2018（平成30）年6月から始まっており、取調べの可視化は2019（平成31）年6月までに義務化され行われることが決まり、現在（2019年）運用されている。

◉第1部／当番弁護士制度の誕生とその成果

2 当番弁護士制度発足に向けた福岡県弁護士会の活動

◉当番弁護士制度発足25周年記念シンポジウム

美奈川成章

弁護士

1．松江人権大会シンポ（1989年）「刑事裁判の現状と問題点」

(1) 「絶望的な刑事裁判」への危機意識と焦りからの模索

　当番弁護士制度の出発点と尋ねられると，人によって答えは違ってくるかもしれません．しかし，私はいつも松江で開催された第32回人権擁護大会[*1]をあげます．私は1989（平成元）年のこの大会に出席し，消費者事件のテーマにも興味があったのですが，もう一つの分科会である[*2]「刑事裁判の現状と問題点」の方に出席しました．

　そのころの人権大会のシンポと言えば，私の偏見かもしれませんが，割と品の良い予定調和的な報告や議論が多かったようにも思いますが，このシンポは違いました．80年当時と言えば免田，財田川，松山，島田という死刑再審事件[*3]の無罪判決が相次いで出された時代です．刑事司法について明るい見通しを語る学者や弁護士もいました．しかし，これまで刑事事件で苦しい闘いを強いられてきた弁護士の多くは，これらの死刑確定者はなぜ誤った裁判を受け，長年にわたって死の恐怖と戦わねばならなかったのか，このような誤判を2度と許さないために何をしなければならないのかと真剣に考えて

[*1]　日本弁護士連合会では，弁護士の使命に基づき，人権問題の調査・研究，人権思想の高揚に資するため，毎年1回，東京都以外の地で大会を開催している．これを人権擁護大会と呼んでいる．

[*2]　年によって異なるが，2または3の分会があり，それぞれにおいて，専門分野の議論を行っている．

[*3]　死刑判決が一度確定した後に，その判決の改めるために行う手続きをいう．なお，免田，財田川，松山，島田は地名である．

いました.

　そこで指摘されていたのはこれらの死刑再審4事件のうち3件は被疑者段階で弁護人がついておらず，残りの1件も起訴直前に1回だけ弁護人接見があったということです．シンポでは被疑者弁護の抜本的な改革が必要だという趣旨の報告がいくつもされました．ですが私の記憶に残っているのは報告の後の会場からの発言通告[*4]の膨大さでした．普通，人権大会などの発言通告は明らかにサクラと思われる者を含めても10通を超えることは少ないでしょう．この時の発言通告は50を超えていました．無罪となるべき事件が虚偽の自白調書で有罪になったこと，連日の接見妨害で十分な弁護活動ができなかったこと等多くは被疑者段階の弁護活動に関するものでした．ついに時間が無くなり最後の何件かの発言者は30秒にまとめてくださいなどと司会が苦労していたことが思い出されます．私は，仲の良い弁護士とレンタカーで岡山まで帰りましたが，こんなに弁護士が怒りながら思いのたけを語った人権大会は見たことがないと車の中で話したことを思い出します．

(2)　当番弁護士制度や被疑者国選制度への源

　松江の人権大会の前年，1988（昭和63）年の名古屋司法シンポでは，つぎの点が課題として指摘されました．①安易な令状発付[*5]，②接見指定[*6]などの弁護権の制限，③権利保釈の有名無実化[*7]，④公判廷での自白まで続く身体拘束，⑤捜査段階の自白調書[*8]の安易な採用，⑥刑事弁護離れ，です．松江の人権大会の議論もこれを引き継ぐものでした．松江人権大会は次のような提言をしました．

　「刑事裁判を活性化するために従来のような個々の弁護士の問題としてではなく弁護士会として有機的組織的な活動をして個々の弁護士をバックアッ

[*4]　会場において発言する際に，議長に対し，予め発言したい旨を告げておくことをいう．

[*5]　捜査機関が逮捕等の強制的な手続をする場合には，裁判所または裁判官の許可が必要である．その許可する旨を記載した書面を令状という．

[*6]　検察官は一般的指定書というものにより，包括的・原則的に弁護人と被疑者が面会（接見）することを禁止し，具体的指定書により例外的に弁護人と被疑者の接見を許すという運用を行っていた．

[*7]　刑事訴訟法では，権利保釈と裁量保釈が定められている．権利保釈とは，特定の要件を充たせば保釈をしなければならない類型の保釈をいう．しかし，権利保釈が実務において認められることはほとんどなく，裁判官の裁量によって保釈される裁量保釈によって保釈が行われてきている．

[*8]　被疑者が犯罪事実などを認めた旨が記載された調書をいう．

プする体制が必要」．

　これはその後，日弁連刑事弁護センター[*9]の創設に連なります．

　私は松江の人権大会の弁護士の刑事弁護への危機感，特に捜査弁護に対する絶望と，しかし，そこから抜け出るには何をすべきかという自らへの問いかけが当番弁護士制度[*10]や被疑者国選制度[*11]への源であったと考えています．

2．日弁連接見交通確立実行委員会の創設と接見国賠訴訟

　実は，当番弁護士制度の発足の大きな伏線となった活動は接見国賠訴訟[*12]です．

　今，ほとんどの弁護士には信じられないかもしれませんが，当時接見禁止の付いた被疑事件では，検察官は機械的に刑訴法39条3項の接見指定を行い，弁護人は検察官の発する「接見指定書」を持参しない限り警察署などに拘束されている被疑者には会えませんでした．しかも指定されるのは接見申し込みをしてから2,3日後だったり，接見時間も15分とされるのが普通でした．1983（昭和58）年に日弁連は接見交通確立実行委員会[*13]を設立しましたが，まず手掛けたのが接見妨害国賠訴訟の支援でした．

　福岡では上田國廣弁護士が1986（昭和61）年に提訴した接見国賠がありました．この国賠訴訟には当時の福岡県弁護士会の7割の弁護士が原告代理人に名を連ねました．接見国賠は瞬く間に全国に広がりました．あまりの国賠訴訟の勢いに1988（昭和63）年あれほどかたくなだった法務省も日弁連との中央協議と呼ばれる「接見交通に関する協議会」の開催に応じました．思えば，弁護士がただ個別的に文句を言ったり，弁護士会が何か提言したりする

---

*9　1990年創設．被疑者・被告人の権利保障のために，刑事手続の改革・改善，刑事弁護態勢の人的・物的充実及び刑事弁護技術の向上を目指して，情報の提供，調査研究，様々な研修を行うほか，改革のための運動を展開している日弁連の一組織である．

*10　逮捕等の身体拘束された方に対して，弁護士が即時，無料で接見（面会）を行う制度をいう．

*11　勾留され起訴されるまでの被疑者に対し，国費で弁護人が就く制度をいう．ただし，一定の資力を有する者は原則利用できない．

*12　弁護人と被疑者・被告人の接見を検察官が違法に制限しているとして国家賠償請求訴訟を行った．

*13　各地での接見妨害の実情を調査し，法務省との協議や，全国各地で提起されている接見国賠訴訟の検討，協力を通じて，接見妨害や接見指定制度の打破，秘密交通権の確立を目指して活動する日弁連の一組織である．

にしても言いっぱなしではなく，国賠訴訟というようなアクションを起こし，これを日弁連が財政的にも人的にも支援するというような具体的で力強い運動を掲げたのはこれが最初だったのではないかと考えます．

3．起訴前弁護に関する九州会議1990（平成2）年1月

(1) 九弁連初の起訴前弁護をテーマにしたシンポ

松江の人権大会の翌年には九州弁護士会連合会（以下「九弁連」といいます）の「起訴前弁護に関する九州会議」が開催されました．その企画過程で，実行委員の一人の弁護士がイギリスの当番弁護士制度を紹介したNHKのTV番組「ドキュメント冤罪」を見たと言いました．録画されたその番組には，終夜で待機するソリシター[*14]に警察に逮捕された被疑者から直接電話がかかってくる様子が描かれていました．ソリシターは「やあ，また君か」と言いました．被疑者はリピーターだったのです．弁護士と被疑者の距離の近さに驚きました．番組を見た弁護士は「これうちでできないかな」と言いました．

私は「そういえば札幌の村岡啓一弁護士が1987年から2年間ロンドンに留学していて，時々手紙で当番弁護士のことを知らせてくれていたよ」というと，「じゃ，当番弁護士がテーマのひとつだ」ということになりました．この九州会議では村岡弁護士の講演「英国における接見交通の現状」があり，283名もの参加者はまさに目からウロコ状態，「一気に当番弁護士制度を！」の機運が盛り上がりました．しかし，本当に驚いたのは村岡さんの基調講演にもありましたが，翌日の朝日新聞，毎日新聞の朝刊の記事でした．朝日は1面トップに「当番弁護士制　九弁連4月にも実施」と7段抜きで紹介，弁護士会にはマスコミなどからの問い合わせが溢れました．こういう場合，弁護士会によっては誰がこんな誤解を招く発言をしたんだ！　と犯人探しがあっても不思議ではないでしょう．しかし，その時の会内の雰囲気は「こうなったら，誤報でもそれに合わせて本当にやるしかないだろ」というものでし

[*14]　イギリスには，日本の弁護士にあたる職業として，バリスターとソリシターがある．伝統的に，バリスターは主に法廷弁論を行うことや法律意見書を作成することを業務とし，依頼者から直接事件を受任するのではなくソリシターが受任した事件についてソリシターから依頼を受けて民事・刑事事件の法廷で弁論を展開する．また，法律的な専門知識を有し，ソリシターから依頼を受けて法律意見を作成することを主な業務としているバリスターもいる．

た．もちろん前年の東京弁護士会の法友全期会のシンポジウムで，「当番弁護士は福岡でやりますバイ」と宣言したホラ吹き（失礼！）萬年浩雄弁護士も同意見でした．今だから言えますが，法友全期会はそのシンポでイギリスの当番弁護士制度に倣い，24時間待機の被疑者弁護窓口を提供すると宣言していました．なんでも先例に学ぶのが第一の法曹界のこと，私は昔から良く知っているこの会の担当者に電話して聞くと「あれは宣言であって，具体的な計画はないんだ」と言われました．それならやっぱり福岡でやるしかないということになりました．

しかし，それから何が何でも年内発足という掛け声のもと，私と当時の上田國廣日弁連副会長の前には，人的体制，財政的体制の確立，合わせて発足までにはイギリスに視察にいこうなど，そんな短期には絶対に無理と思われる課題が立ちはだかっていました．しかし，このころ福岡県弁護士会の弁護士は「当番弁護士」というウィルスにおかされていて，12月1日の制度発足に向かって猛進しました．

4．イギリス視察

福岡県弁護士会にとっては本格的な海外視察というのはおそらくこれが初めてだったと思います．物見遊山で参加した人が多いのではないかという人もいたかもしれません．実際そういう面も全否定はしませんが，3回開催した勉強会は参加者がことのほか多く，イギリスの法制度，当時の司法改革，当番弁護士制度のシステム等びっしり詰まったスケジュールをこなしました．私は，弁護士って本当は勉強が好きなんだと見直しました．

しかし，何もかも初めてということは当然様々な困難に直面することでもあります．上田副会長は6月中旬イギリスの内務省Home Officeにスコットランドヤードを訪問したいと手紙を書きました．3週間後，Home Officeから直接こんな手紙を送るのはルール違反，Home Officeや警察への訪問は政府対政府の基本原則にのっとってコンタクトするようにという返事がきました．上田さんが大阪にあるイギリス総領事館に手紙を出すと，女性の担当官から電話があり，自分がこの件の担当である，くれぐれも他のルートを通さないように言われたとのことです．上田さんは総領事館に申入れたのは

---

*15　東京の弁護士会の一任意団体である．

英国当番弁護士制度視察団（1990年,10月）

Home Officeと警察関係だけなので，裁判所，ロンドン大学，法律事務所などについては別ルートで構わないと思っていました．しかし領事館とのやり取りの中でそのことが知れると，担当官から怒りの電話がかかり罵倒された挙句，総領事館はこの件から手を引くとまで宣言されました．上田さんはこのときのことを「大英帝国をバックにした権威に満ちた声でもあった」と「英国当番弁護士制度視察記」に綴っています．

一方，この視察のガイドを引き受けた村岡さんも焦っていました．出発3週間前になってもHome Officeからも，事務弁護士協会Law Societyからも，法律扶助理事会（L.A.B）からも友人の当番弁護士からも全く返事がなかったのです．彼は，やむなく出発12日前にイギリスに飛びスケジュールの調整に入りました．そこでわかったのが，事務弁護士協会の会長宛ての手紙は紛失されていたし，Home Officeの関係は中央情報局（Central Information Office）の担当者が「視察団の予定を決めるのは中央情報局であって，あなたではない」「あなたの英語では通訳は無理だから専門の通訳をつけろ」などと高飛車に応対し，スコットランドヤードの訪問日をこちらの都合も聞かずに最終日の午前中と指定した等々多くの苦労がありました．

しかし，当時ロンドン滞在中の東京第二弁護士会の戸塚悦朗弁護士の手助

けやHome Officeのディヴィット・ブラウン氏の協力で状況は一変します．結局3日間の日程はすべて埋まり，当番弁護士制度について法律扶助理事会でのインタビュー，IRAが起こしたとされる爆弾テロ事件の精神鑑定医らとの意見交換，法廷見学，マイケルザンダーロンドン大学教授の特別講義，スコットランドヤード，ハックニー警察署訪問，Home Officeでのディヴィット・ブラウン氏のインタビューと今度は盛りだくさん過ぎて視察団を2班に分けて消化しなければならなくなりました．

　結局観光を当てにしていた参加者には酷なハードスケジュールとなり，福岡の当番弁護士制度は発足に向かいました．

5．イギリス視察で見たもの，見逃したもの

　イギリス視察は大成功というのがおおかたの評価です．確かに，当時の福岡県弁護士会の会員の1割が参加したこの視察は，その後の当番弁護士登録者数（福岡部会131名で3か月間の当番割り当てをしても1巡しない数）や重大事件等を新聞などで把握すると被疑者の要請がなくても当番弁護士が出動する委員会派遣事件の割当においても視察参加者を中心に協力者を得られ，本当に助かりました．

　ただ，振り返ってみるとそのとき見たものは有形無形の形で今の当番弁護士制度，被疑者国選制度に生かされていると思いますが，一方で見たけれど認識が足りず後悔したこともあります．その一つが取調べの可視化です．イギリスでは当番弁護士制度がボランティアで広がっていた時期に既に被疑者取調べを録音する実験が始まっていました．この視察でも警察の取調室には逆転防止装置の付いたダブルテープデッキを見ましたし，写真もちゃんと撮っています．

　しかし，視察報告書の中では故小島肇弁護士が4行触れてはいるものの，私もあまり重視していませんでした．もちろん当番弁護士制度と取調べの可視化という2匹のウサギを同時に追いかけることは不可能だったと思いますが，そのため，大阪弁護士会の小坂井久弁護士が取調べの可視化について奮闘し始めるころ，しまった，我々はもっと早く次の刑事弁護のテーマを発見

＊16　アイルランド共和国軍の略称．
＊17　福岡県弁護士会は部会制を採っており，福岡，北九州，筑後，筑豊の4部会から成る．

することができたのに遅れてしまったという気がしました．

6．これからの課題

　当番弁護士制度から被疑者国選制度までは漕ぎ着けたし，近い将来逮捕段階まで拡大される可能性があります．接見指定問題もほぼ終息したと言ってもよいと思います．

　しかし，我々は，あの名古屋の司法シンポや松江の人権大会で自分たちに問うた課題を解決したと言えるでしょうか．安易な令状発付は相変わらずです．最近15年くらいでいくらか勾留状の却下率は上がってきましたけれど，勾留されたまま判決の日を迎える被告人の割合は７割を維持しています．お隣の韓国では10パーセント台です．全弁協[*18]の保釈保証制度[*19]が創設され，保釈制度にわずかな光は見ることができますが，権利保釈と認めた決定はまずお目にかかりません．また，被疑者弁護の量は一応足りるようになりましたが，質はどうでしょうか．被疑者国選が接見の回数で報酬が算定されたり，被疑者の診断書の開示費用がきちんと支払われなかったりすることで丁寧な弁護活動が損なわれていないか．ただ短時間接見するだけで，きちんとしたアドバイスが不足していないか．可視化対応の弁護は，裁判員裁判を念頭に置いた被疑者弁護は，研修体制は，などなど，これから担っていかなければならない課題は多いというべきです．

　本日の当番弁護士制度発足25周年記念シンポは過去を懐かしく振り返って終わってはならないと感じています．「陽は西から昇る」というタイトルは素晴らしいと思います．しかし，今，陽は黙っていても西からは昇りません．ぜひ新たな活動の中からもう一度陽を西から昇らせましょう．

（みながわ・しげあき／福岡県弁護士会）

---

*18　全国弁護士協同組合連合会の略称．
*19　保釈には，保釈保証金または保釈保証書の納付が必要であるが，全弁協では，保釈保証書を発行することにより，保釈保証金を納められない被告人の身体拘束が解かれる環境を整備している．

●第1部／当番弁護士制度の誕生とその成果

●当番弁護士制度発足25周年記念シンポジウム

3 一般会員を巻き込んだ当番弁護

萬年浩雄
弁護士

1．弁護士の刑事弁護離れの現象

　1990年以前の日本刑事裁判は，弁護士の刑事弁護離れの現象があり，弁護士の刑事弁護の未熟さ，努力不足，不勉強があり，他方では捜査の肥大化，公判の形骸化現象（捜査調書の公判廷での引き渡しの儀式）で弁護士の無力感が漂っていた．それを刑事法の大家である故平野龍一元東大総長は「日本の刑事裁判はかなり絶望的である」と喝破されたのである．

　同時期，免田，松山，財田川，島田各事件で，死刑再審事件で無罪判決が続出した．いわば死刑囚が死刑台から蘇ったのである．これは裁判所にも相当ショックだった様子で，誤判を避けるにはどうしたらよいかを互いに模索している情況だった．

　また，弁護人の被疑者との接見交通権は，弁護人が検察官に接見切符をもらわないと接見できない情況であった．日本の刑事訴訟は，弁護士と検察官は対等であるという当事者主義を採用しているにもかかわらず，なぜ弁護士が接見切符を検察官にもらいに行かなければならないのかという素朴な疑問と，刑事訴訟の哲学と構造に現状の捜査と公判手続は間違っているとの確信を持つものの，どうしてよいかわからない情況だったのである．

2．当番弁護士制度の設置運動の担い手となった上田国賠訴訟弁護団

　ちょうどその頃，福岡県弁護士会の刑事弁護のエースだった上田國廣弁護

士が，殺人，死体損壊遺棄事件で，被疑者との接見にあたり，検察官からひどい接見妨害を受けた．そこで上田弁護士は，1986年に，上田弁護士を原告とする接見妨害に対する国家賠償請求事件を提訴したのである．そして福岡県弁護士会の当時の400人の会員のうち，実に70％の280人が上田弁護士の代理人に就任した．

この上田弁護団が，まさに当番弁護士制度の設置運動の担い手となったのである．強固な組織体制を築いて福岡県弁護士会が総力を挙げて運動をし，弁護団会議を重ねて起訴前弁護の勉強会を多数回実施した．そして，老人，中年，若手の弁護士が一致団結して上田国賠訴訟を闘った．この運動で，福岡県弁護士会の会内民主化の達成と若年弁護士を前面に出す文化が熟成されたのである．

3．当番弁護士制度の発足

当番弁護士制度は，弁護士が被疑者関係者から被疑者弁護人の要請があれば，直ちに被疑者弁護に駆けつける制度である．大分県弁護士会が1990年9月に名簿制を，福岡県弁護士会が1990年12月1日に待機制を，それぞれ発足させた．違いは，当番弁護士がすぐ出動できる体制か否かである．

当番弁護士制度はイギリスで発足し，我々がそれを知ったのは1989年5月2日にNHKテレビが放映した「ドキュメント冤罪――誤判はなくなるか．英米司法からの報告」だった．私はあまりテレビを見ない方だが，たまたまその番組は見ており，起訴前弁護では良い制度でないかと思っていた．

1988年に松江市で日本弁護士連合会の人権大会が開催され，「刑事裁判の現状と問題点」がテーマとなり，「福岡報告書」を作ろうとして企画会議を開催した．その企画会議で，同番組を見た弁護士が3～4人いて，当番弁護士制度が話題となった．弁護人を必要とする被疑者がいて，相談したいという要請があればすぐ出かける．その受け皿には当番弁護士制度が最も適している．これで起訴前弁護の充実化に連なる．

現在の刑事裁判の究極的問題点は起訴前弁護にあり，起訴前弁護の充実化という方向性が，全員の共通認識となり，1989年7月7日の第3回座談会で「当番弁護士制度」を採用すべしというのが，福岡県弁護士会では多数意見となったのである．

そして1989年10月27日に，私は，上田弁護団から，東京弁護士会の法友全

朝日新聞1990年1月28日付紙面

期会10周年シンポの「被疑者国選弁護の実現を目指して」に派遣された．東京の弁護士は口ばかり達者でなかなか行動が伴わないので，私は思わず会場発言で「もはや議論の段階ではなく，実践の時である．福岡では当番弁護士制度を導入する」と博多弁で捲し立てた．これは私の独断専行ではなく，前述した福岡報告書の議論の結論を，私が発言しただけである．

しかし，その発言の影響力は私の予想を超えて全国に波及し，福岡が意識的に当番弁護士制度を確立すると，2年弱の1992年10月に，日弁連による全国実施がなされたのである．

福岡では1990年10月6日から同月15日まで30人の視察団を英国に派遣した．視察団は，当番弁護士は福岡でもやれると確信をもって帰国した．そして1990年12月1日に，福岡部会134人（福岡部会の40％）で，日本最初の待機制当番弁護士制度を発足させたのである．

名簿制の当番弁護士は大分県が1990年9月に発足させていたが，大分県が100人も弁護士がいない県なのに当番弁護士制度を設置しないという口実は封印され，福岡は運動戦略上，大分県に「貴会こそ日本最初の当番弁護士制度を導入したのだから，責任をもって遂行せよ」とはっぱを掛けて，2年弱で全国的制度にしたのである．

朝日新聞1991年11月21日付紙面

4．当番弁護士制度はマスコミの応援も強力だった

　従前の犯罪報道は捜査機関の主張を一方的に報道するのみで，マスコミ報道の原則である，双方の主張を取材して報道するという報道の客観化はされていなかった．つまり被疑者の主張を無視した「犯罪報道の犯罪」であった．
　マスコミは，当番弁護士制度を窓口として，警察の情報に偏ってきた犯罪報道を改革し，容疑者の人権を守り，冤罪を未然に防ぐ目的で，画期的な犯罪報道の改革を意図した．そればかりか，マスコミも刑事裁判の絶望化を何とか脱却する方法を模索していたのである．

我々弁護士は，当番弁護士制度は起訴前弁護の充実をいかにさせるかとの視点から運動していたが，犯罪報道の客観化は夢想だにしなかった．とりわけ地元の西日本新聞の活躍には目を見張るものがあった．1990年10月30日付け社説で「当番弁護士に期待する」と主張し，1992年12月から「福岡の実験」として「容疑者の言い分」を掲載し，その専従記者もおいた．同社は「福岡の実験」で1993年度の日本新聞協会賞を受賞したのである．

　他方，朝日新聞も，1990年1月28日の一面トップで「当番弁護士制　九弁連4月にも実施　冤罪・違法捜査防止へ　電話で留置所に急行」の見出しで大々的に報道した．しかし，これは意図的誤報であり，むしろマスコミの弁護士会に対する期待感の表れであり，弁護士会は当番弁護士制度の社会的責務を認識することとなった．

　さらに1991年11月21日，朝日新聞は「当番弁護士制度　最高裁，協力の方針」と大々的に報道した．これは朝日新聞の福岡地方裁判所担当の司法記者が最高裁刑事局長に面会して取材し，かつ，日弁連にも赴き，最高裁も当番弁護士に協力すると言っているが日弁連はどうするのかとせついたのである．そこで日弁連は最高裁に働きかけて，両者の協議が始まり，裁判所は当番弁護士告知システムを開始することになった．

　私は，新聞各紙が当番弁護士制度の必要性を報道するのに，テレビの影響力を利用しない手はないとし，ＮＨＫや民放テレビに当番弁護士のドラマ化を企てた．その結果，ＲＫＢが東芝日曜劇場「こちら当番弁護士」（主演：奥田瑛二）を1993年1月24日に放映してくれた．このドラマの原案は，福岡の若い弁護士の実際の当番弁護士活動報告書が基になっており，脚本家がシナリオを書いたものである．福岡県弁護士会もこの撮影に全面的に協力し，「監修　福岡県弁護士会」として放映されたのである．

　このように，マスコミ各社も，刑事裁判の活性化と犯罪報道の客観化を図って，弁護士会と協力して，2006年に被疑者国選弁護制度が発足したのである．

　この当番弁護士制度は日弁連の戦後最大のヒット商品であると言われている．

5．当番弁護士制度が普及した第三の柱は市民の協力と応援

　福岡では1994年に「当番弁護士市民の会」が発足した．福岡県弁護士会は

当時，刑事裁判の形骸化現象を打破するには「陪審制度」を採用すべきでないかとの運動をしていた．そこで福岡県弁護士会は，陪審制度を普及させるためには模擬陪審裁判を実験した方がよいだろうと企画したのである．

市民に模擬陪審員を募集して，それを10班位に分けて評議してもらった．事件は弁護士が脚本を書き，役者も弁護士が演じた．それを評議してもらうシステムをとった．私は主催者側の人間として，評議を10分単位で，各班を傍聴して回った．

私はその時，市民の見識は素晴らしいと感じた．自分の今までの人生生活で，あの犯人の考えはこうだった，自分は昔柔道をやっていたが，あの投げ方では相手はあまり傷を負わないのではないか等の論を聞いていて，市民の判断能力や議論力も十分でないかと感じた．ただ，意識の高い人たちだから特にそう感じたかもしれない．

この模擬陪審員の経験者をそのまま解散させるのは勿体ないと思い，弁護士会と今後とも意見交換会を開催できないかと考えた．そして模擬陪審員に参加された有志の中から「当番弁護士市民の会」を設立して，当番弁護士制度と被疑者国選制度の確立を目指す運動体として，福岡県弁護士会が全面的に市民の会を支援した．福岡の当番弁護士市民の会は活発に活動され，それが全国的に広がり，各地に「当番弁護士市民の会」が発足し，全国大会にまで発展したのである．そして被疑者国選弁護制度が2006年に発足する原動力になったのである．

福岡では，当番弁護士は当番弁護士報告書を出動の度に弁護士会に提出し，ベテランの弁護士がそれをチェックして弁護方針のアドバイスをするなどして刑事弁護の質的向上を図り，かつ刑事弁護の手を抜いたりしたら皆から批判されるということで，相互看視の体制が黙示的に成立したのである．弁護士間では国選と私選のサービスの質的差別をどうつけるべきかと冗談で言い合うほどに，国選弁護－当番弁護士の弁護技術が発展していったのである．昔は国選弁護人で第1回公判期日前に被告人に1回も接見に行ったことがない人がいたが，今やそういう人は国選弁護人リストから除外するようになった．弁護士は専門家であるから無償奉仕では制度，運動としては長続きしないから，1回の出動にあたり1万円の手当を支払い，その原資も弁護士会の費用で支払った．これで市民の弁護士に対する見方も変化した．

当番弁護士は日弁連の戦後最大のヒット商品と言われた所以である．

（まんねん・ひろお／福岡県弁護士会）

●第1部／当番弁護士制度の誕生とその成果

●当番弁護士制度発足25周年記念シンポジウム

4 裁判所から見た当番弁護

中山隆夫

中央大学法科大学院教授・弁護士

（所属は，シンポジウム当時）

1．はじめに

　1991年11月21日，朝日新聞が「最高裁が当番弁護士制度に協力する方針」という記事を出しました．その翌日，法務省の参事官が，当時最高裁刑事局課長であった私のところに「何だ．これは！」と怒鳴り込んできました．刑事局の会議室に案内した後も，依然として大声です．こういうときには切り返しが大事です．私は「そうやって自白とるんですね」と言ったところ（笑い），我に帰られたようで，冷静になられました．普段は，本当に温厚な紳士なのですが，最高裁の協力ということで本当に驚かれたのでしょうね．この記事のリークは弁護士会だと思っていますが，裁判所として，法務省にはまだきちんと説明していない段階だったので，申し訳なかった面もあります．このときは結局，こちらからの説明を受けて，得心されたかどうかはともかく，お帰りになりました．

　今日，皆さんの講演を聞いていて思ったのですが，私が刑事局の課長になったのが松江大会の直後，課長を辞めたのが司法研修所での教え子である津崎徹一弁護士の当番弁護に関するテレビ講演の直前でした．ですから，私の課長時代は，ある意味で，当番弁護士とともにあったのだということも改めて感じた次第です．

2．平野龍一先生が述べられた「絶望的」の意味

　本題に入る前に一つだけお話ししておきたいことがあります．講演などを聞いていると，当番弁護士制度発足当時の裁判所，刑事裁判についてはとんでもなかったなどと，非常に低い評価をされるのです．そして，その評価は正しいものであるとして援用されるのが，平野先生がある論考の結びで書かれた「我が国の刑事裁判は絶望的である」との言葉です．弁護士会もしっかりと援用されていました．しかし，平野先生は，そのような用い方については本意ではない，弁護士会は私の意図と違った形で「絶望的」という言葉を使っていると話されていたのです．

　平野先生は，1956（昭和31）年に有斐閣で『刑事訴訟法』を法律学全集で書いておられますが，そこでは団藤刑訴に対抗するため，弾劾的訴訟・真の当事者主義等米国法に近づいたやり方を提唱されたのですが，その後の我が国の刑事裁判においては，結局，それが受け入れられなかったこと，すなわち，自分の提言が「ＮＯ」と扱われたという意味で，絶望的だと書いたのだと述べられていました．「絶望的」とは決して日本の刑事裁判に向けられたものではないのだということです．

　その証拠をお示しします．平野先生は，司法制度改革審議会において，国民の司法参加のあり方の議論が白熱しているときに，「参審制度採用の提唱」という論考を発表されました（ジュリスト1189号50頁）．この論考では，陪審ではなく参審を是非とも採り入れるべきだと言われているのですが，そのあとにこう述べられています．「参審制度を採用すべきというのは，現在のキャリア裁判官のシステムは基本的には優れており，維持に値するということが前提になっている．現在の裁判官は厳格な選抜を経て任命され，司法研修所で研修を受け，かなり長い期間判事補として実地の教育と訓練を受ける．清廉で政治的な影響も受けにくい．捜査を点検する能力も相当程度備わっているといってよい」とされた後に，余り民事の裁判官には聞かせられないですが，「裁判官は世間知らずといわれることがある．しかし，民事はとにかく，刑事裁判官にこのような批判が妥当するかは疑問である」（笑い）と述べておられるのです．一方的な見方ではいけません．皆さんには，是非，この論考を読んでいただきたいと思います．

3．裁判所の問題意識に対する答え——それが当番弁護士制度

　なぜ，最高裁が当番弁護士制度に協力したかというと，当時の裁判所の問題意識とマッチしていたからです．80年代の免田事件を始めとする死刑確定事件4件の再審無罪は，裁判所にとっても非常に衝撃的なものでした．それまでの再審無罪は，戦後まもない時期の裁判，事件という意識があったのです．しかし，これらの4件，とりわけ島田事件や松山事件は，一定程度新刑事訴訟法が浸透していた時期なのに，まだこんなことが起こったのかと思いました．

　私は，司法研修所教官の時代（1986〔昭和61〕年〜1989〔平成元〕年），刑事裁判を教えていましたが，そのときの事実認定でも，自白はひとまず措いて，客観的な動かない事実を認定して，間接事実を積み重ねていって，そこで認定された事実と自白が本当に整合するか，慎重に検討しなければならない，自白によりかかるような認定はしてはいけないと言っていたのです．こういうふうに司法修習生に徹底していたのに実務の方がまだまだだめではないかと思いました．

　それまで，国会等の外部に対する裁判所のスローガンは，「迅速かつ適正な裁判の実現」というものでした．しかし，この4件の再審無罪の後は「適正かつ迅速な裁判の実現」と迅速と適正が入れ替わっているのです．あまり気がついた人はいないと思いますが，このスローガンの変化からも当時の裁判所，とりわけ刑事裁判官の受けた衝撃の強さが分かっていただけるのではないでしょうか．適正でなくて何のための迅速かと，適正こそ裁判の生命線であると，改めてそこをもう一回考え直さないといけないと痛感したのです．

　そこで，対症療法的に何を打ち出したかというと，もう一度自白を除いた事実認定を徹底しようと研究会等で議論します．司法研究も行いました．同時に，自白の任意性や信用性が争われたとき，法廷では，自白はどういう状況でとられたのかという点について，まず被告人に質問し，その後，取調官を証人として呼んで聞くわけですが，簡単にいうと，被告人と取調官の話は完全に水掛け論になります．どちらが正しいのかについて客観的な資料，証拠もありません．つまり，取調べ過程が，全く見えない，不可視状態の中での水掛け論なのです．

　そこで何をしたかというと，最低限，捜査段階で，いつ取調べを開始し，

いつ終えたのか，その際どういった項目を取り調べたのか，調書を作成したのか，せめてそれだけでも明らかにする時系列の一覧表を作成してもらい，それをベースに被告人質問や取調官の証人尋問をすれば，全くの手探り情況を脱却できるのではないかと考えたのです．今は，ほとんど使われておらず，死語になっている感もありますが，これが「取調経過一覧表」というものです．とりあえず，それを検察に作ってもらい，弁護人にも留置人出入簿等の客観的証拠と照らし合わせ，正確なものか確認してもらって，それを共通の土台として任意性に関する証拠調を行っていこうと考えたのです．そして，法務省，弁護士会に理解していただくために協力を要請しました．

　日弁連からは対応者として，まだ出来て間もない刑事弁護センターの先生が来られ，話を聞いてもらったのですが，一番難しい顔をして現れたのが，福岡の上田國廣先生でした．「国賠訴訟の上田先生です．」と聞いて「ああ，この方があの先生か」（笑い）と思いました．

　そして，協力をお願いしたのですが，他の先生方は「まあそういうことなら．」と受け入れてくれるような雰囲気だったのですが，上田先生だけは，「そんなこと言ってどうせ任意性を認めるための証拠にするだけでしょ．裁判所は信用できないんだよね．」と強く拒否されたのをよく覚えています．しかし，私が担当した無罪事件の話，自白の任意性判断に9年もの時間を要したことや裁判所は取調過程の情報を何も知らないまま，よく分からない証拠関係の中で，判断をしなければならない状況になっていることなどを何度も何度もお話しして，ようやくOKをもらえました．しかし，そのときに，刑事弁護センターの先生方と率直な意見交換ができた，互いに本音を話せたということは，信頼関係の構築という点では本当に大きなことでした．

　さらに，もう一つ，どうして再審無罪が起きたのかを裁判所部内で検証してみました．

　私が裁判官になったころは，判決書は，被告人は，父誰々，母誰々として出生し，どこの小学校を卒業しとか，本当に細かく認定しておりました．そのベースは何かというと，捜査機関の調書です．我が国の刑事司法は精密司法であると言われましたが，その実質は何かというと，捜査段階で全ての事実を掘り起こしてがちがちに固めてしまう．刑事司法のエネルギーの大半は捜査に向けられる．捜査の方に前倒しになるということです．警察，さらに検察は，掘り起こした証拠から，自分たちの思い描いた一つのストーリー，それが直ちにすべて間違っているというつもりはありませんが，これをがち

がちに固めてしまう，弁護人がつっつきようがないほど固めてしまう．そこが問題なのではないかと気づきました．そこを変えるためには，ガチガチに固めてしまうその前に，その段階で，弁護士が入っていかなければならない，被疑者弁護の重要性をもっと認識すべきではないかという問題意識に到達したのです．

　もう一つは，証拠開示がなかなか進まないことでした．1969（昭和44）年の最高裁の決定以降，判例上は証拠開示は進んでいません．ただ，実際のところ，下級裁の実務は最高裁決定よりも進んでいました．なぜ，それが判例とならなかったのかというと，検察官が特別抗告しなかったからです．「裁判所は証拠開示命令を出すかもしれない」と思った場合には，むしろ進んで「見せます」と対応する検察官もいましたし，証拠開示命令が出たときでも，敢えて特別抗告はしない，したがって新しい最高裁判例は出ない．いつまでたっても，1969（昭和44）年で止まっているということになっていました．しかし，実はこの時点で，裁判所の一部では，より進んだ証拠開示の在り方を検討し始めていたのです．今は皆さんがご存知の「類型証拠」もそのとき検討されていたものなのです．そのような検討を見て，いつか日の目を見させたいという思いがありましたが，それが実現したのが先の司法制度改革の裁判員制度だったわけです．

　このように被疑者弁護がすごく大切だということを改めて強く認識し，そこをどのように手当すべきなのかということを考え始めたときに，刑弁センターから当番弁護士の話が持ち込まれました．しかし，当番弁護士といわれてもすぐ協力するのは難しいと思いました．抵抗勢力として，目の前に警察をバックにした法務省，そして，もう一つは裁判所がありました．裁判所は中立公平でないといけないのに，弁護士の営利活動の一端ともなるかもしれない当番弁護士制度に協力はできないと反対することが予想されたのです．さすがに裁判所ですから，事件漁りなんて言葉は使いませんが，営利活動ではないかと．これを認めれば，例えば司法書士会だって同じような話を持ち込んでくるかもしれない，そういうふうになっていってよいのかという話です．

　しかも，当時，全国各地からまだまだ当番弁護士はできないけれども，弁護人の選任の申出が刑事訴訟法の78条の弁護士会を指定してなされた場合[*1]

[*1]　刑事訴訟法78条1項「勾引又は勾留された被告人は，裁判所又は刑事施設の長若しくはそ

には，特定の名簿にもとづいて推薦しますという動きもありました．さらには，法律扶助協会の被疑者弁護援助制度が動き始めた時期でもありました．そういう状況の中で，いきなり，各地の裁判所で当番弁護士制度を宣伝してくださいという要請です．例えば，これは福岡ではないですが，ある弁護士会では，「なお，着手金は10万円です」と書いているところもあり，反対の方達は，ほらおかしいではないかと批判してきました．

そこで，刑事弁護センターの先生とも話し合ったのは，まずは低いハードルから入っていったほうがいいのではないかということでした．78条の実質化，弁護人が弁護士会を指定して弁護士を選任することを求めることができるということは，裁判所がペーパーに書いて，勾留質問の前室に貼付し，被疑者にそれを見せることはできるという話をしました．さらに，弁護士会で作成したリーフレットを被疑者が見ることができるようにすることはどうかということも裁判所の中で議論しました．一部からは，弁護士が思ったような弁護をしてくれなかった，裁判所に書いてあるから弁護士会を指名して弁護士を頼んだのに，どうしてくれるなどという苦情が来たらどうするのだという消極意見もありました．しかし，よく考えてみると，刑事訴訟法78条のことをただ書くだけであるのに，条文に書いてあることをただ伝えるだけなのにそれがおかしいというのはそれこそおかしいでしょうと訴えました．その結果，まず78条を書いた書面が裁判所の勾留質問の前室に置かれることになったのです．そしてそうしたからといって別段問題は起きない，そのような状況が土台となって，いよいよ当番弁護士制です．

弁護士会の努力で当番弁護士制度が始まったけれども中々注視されていない，むしろ裁判所として，法曹として協力すべきじゃないか，そうすることが，刑事局が持っていたさきのような問題意識に対する答えにもなる，というように考えて部内で議論しました．時の刑事局長がこの問題について非常に前向きで，これが実に大きかったのです．このような考えあるいは動きの中で，裁判所は当番弁護士制度に協力する方針を取ったのです．

もっとも，失敗しないために，条件を出しました．①24時間以内に必ず接見に行くようにしてもらいたい，そうでなければ裁判所まで国家賠償の対象になりかねない，②営利活動は絶対にしない，この2点だけは強く刑事弁護

の代理者に弁護士，弁護士法人又は弁護士会を指定して弁護人の選任を申し出ることができる．ただし，被告人に弁護人があるときは，この限りでない」．

センターに求めました．

　刑事弁護センター，さらに日弁連はこの求めに応じてくれました．その結果，すべてがうまく回り始めたということだと思います．

　それにしても，制度立ち上げがうまくいった理由として，取調べ経過一覧表の件を通じ，刑事弁護センター，特に上田先生との信頼関係できたことがまた非常に大きかったと思います．

　その後，全国の裁判所で，勾留質問時に，裁判官が当番弁護士制度についての説明，告知を行うということになるのですが，これも一斉にできたわけではありません．裁判官は独立ですから，あくまでも担当裁判官の考え，認識によるという前提だったからです．その結果，最初のうちは，その告知をやっていないところが全国でぽつぽつありました．しかし，あそこの裁判所では，当番弁護士について裁判官が説明するのに，ここはしないのは公平じゃないと言われるのは具合がよくありません．そこで，日本の白地図に，やっていないところは白，やったところ，いつやったかを色分けして記録し，これを刑弁センターや各地の裁判所の所長に配布し，できるだけ全国で差がないように努めたことを思い出します．やがて当番弁護士制度が当たり前のものとして運用されるようになり，そしてその結果が，さきの司法制度改革で，被疑者国選ということにつながっていったと考えており，非常にうれしく思っています．

4．おわりに

　ただ，これは被疑者弁護の充実という観点からは，まだ第一ステージにすぎません．これをもっと前に進めないといけないと思っています．時間がきましたので，あとはパネルディスカッションのところでお話をしたいと思います．

（なかやま・たかお）

◉第1部／当番弁護士制度の誕生とその成果

5 ◉当番弁護士制度発足25周年記念シンポジウム
報道機関・一般市民から見た当番弁護

傍示文昭
西日本新聞社

1．報道改革「福岡の実験」

　当事者双方から話を聞く．それが取材の鉄則です．しかし，被疑者が捜査側に身柄を拘束される犯罪報道では極めて難しかったのが実状でした．したがって警察の公式，非公式の情報に依存してきました．その結果，多くの場合，新聞が「逮捕イコール有罪」という鮮烈な印象を読者に与え，時に「えん罪」の片棒を担いできたわけです．

　例えば，認否そのものも警察頼りであり，時には無実の主張が隠されます．逮捕容疑は認めていても，そこに至ったやむを得ない事情や背景など，捜査当局にとって不利な部分が隠されることもあります．公判維持に有利な「クロ」の材料ばかりが意図的に提供されるわけです．一方の当事者である被疑者からの反証が得られませんから，そうした一方的なリークがそのまま報道されるわけです．あまり良い例えではないかもしれませんが，いわば逮捕報道は，片方の言い分だけで書く「欠陥商品」だったわけです．私たちはこうした一方通行的な回路に何とか風穴を開けたい，欠陥商品を改善したいとずっと思っていました．

　そんな状況下で生まれたのが当番弁護士制度でした．もしかしたら，ここを窓口にして容疑者の言い分を書き，当事者双方から話を聞くという鉄則に近づけることができるかもしれない．多面的に事実を積み上げることで「無罪推定」を根づかせることに寄与できるかもしれない．それが1992年12月から本紙が取り組んだ「容疑者の言い分～福岡の実験」というキャンペーンの

出発点でした．つまり弁護士会の「福岡の実験」が本紙の「福岡の実験」の呼び水となったのです．

しかも，言い分を書くこと自体からもたらされるメリットだけでなく，これによって私たち記者の目が変わりました．警察の発表そのままではなく，事件を複眼的に書いていこうとする姿勢が生まれました．これこそが最大の収穫でした．「福岡の実験」の価値は，特定欄を設けて容疑者の言い分を書くということだけではなく，事件担当記者に複眼的思考を芽生えさせ，報道姿勢を根底から変えたことでした．

今，弊社に限らず，弁護士を介して被疑者の言い分を伝えるという報道は当たり前になりました．その意味では，福岡，大分両県弁護士会の取り組みが全国に広がり，制度となっただけでなく，日本の犯罪報道そのものを変えるきっかけとなったのです．その価値は極めて大きいと言えると思います．

2．捜査当局の「福岡の実験」

さらに，弁護士会による「福岡の実験」は捜査当局の「福岡の実験」の呼び水にもなりました．福岡県弁護士会が当番弁護士制度をスタートさせた直後の1991年1月，福岡地検は被疑者の処分結果などを被害者に連絡する「被害者通知制度」を試験的に開始しました．ほとんど内部での議論もないまま，強引に見切り発車させたのは当時，地検の刑事部長だった高井康行さんです．高井さんが弁護士になった後にお聞きした話ですが，もともと「必要な時は被害者を事件の参考人として呼びつけ，必要でないときは被害者を閉め出すという姿勢では，いずれ検察への信頼は失墜する」という危機感があったそうです．そこに当番弁護士制度が始まりました．高井さんは「このまま被害者不在の捜査，裁判を続ければ，司法のバランスが大きく崩れてしまう」と組織内で主張し，まずはやれる範囲でやろうと被害者通知制度を試行させたわけです．まさに「福岡」を舞台に当番弁護士制度に触発されて生まれたのが，今や当たり前になった「被害者通知制度」だったのです．

弁護士会の「福岡の実験」が，報道機関と捜査当局の「福岡の実験」を生み，やがていずれも全国のスタンダードになる．弁護士会の先駆的な取り組みがすべての出発点になったわけです．

3．市民・読者の反応

　ただ，こうした先駆的な取り組みを初めから市民が高く評価したのかと言えば，私が知る限り，そうではありません．私たちが「容疑者の言い分報道」を始めた当初，読者から「新聞は警察に捕まるような悪に手を貸すのか」という批判が多数寄せられました．「悪人の片棒を担ぐ」，そう受け止められたのです．新聞の購読をやめると言ってきた読者もいました．親しくしていた警察官も似たような反応でした．「お前達も弁護士と一緒になって俺たちの捜査のあら探しをするのか」という批判です．「お前とは当分会わない」と付き合いを拒絶した刑事もいました．理解してもらうには時間が必要でした．

　さきほども申し上げたように，「逮捕イコール有罪」「警察に捕まるような悪」という印象を少しでも払拭し，「無罪推定」を根づかせるためにも，ここで引き下がるわけにはいかないという覚悟はありましたが，抗議や批判に対しては粘り強く説明をしながら地道に紙面での実績を積み上げていくしかなかったわけです．それは弁護士さんの草創期の苦労と同じようなものだと思います．

　一方で，弁護士会の取り組みを当初から歓迎し，評価する声もありました．当番弁護士制度そのものへの評価ではないのですが，弁護士が手弁当で法制度の空白を埋めたという点です．この手弁当という取り組みは，弁護士のイメージを変えるきっかけになりました．私の友人の一人は「あのカネの亡者の弁護士が無料で駆け付けるなんて信じられない」とまで言いました．民事紛争処理を拒否された経験がある別の友人は「高飛車な弁護士ばっかりじゃないんだな」と言いました．弁護士はとかく敷居が高く，高額の費用を請求されるとか，威張っているとか，受理案件を選り好みするとか，そういう印象を持っている人が少なくなかったということです．私の友人たちにとって，そんな印象の弁護士が1回目は無料で接見に行くという取り組みを始めたこと自体が衝撃的だったわけです．次元は違いますが，そういう意味でも画期的な取り組みだったと言えると思います．

（かたみ・ふみあき）

●第1部／当番弁護士制度の誕生とその成果

●当番弁護士制度発足25周年記念シンポジウム

 当番弁護士制度発足の裏側
人的・財政的・制度的側面から

安武雄一郎
弁護士

1．当番弁護士制度に必要な３つの資源

　私の報告テーマは，「当番弁護士制度発足の裏側〜人的・財政的・制度的側面〜」です．
　当番弁護士制度の運用上，必要となるものは以下の３つです．
　１つ目が「人的資源」すなわち人材です．当番弁護士の職務を行う会員（弁護士）が存在しなければ，当番弁護士は制度として成り立ちません．
　２つ目が「物的＝財政的資源」すなわちお金です．当番弁護士の職務を行った会員（弁護士）に対して日当を支払うことをはじめ，当番弁護士制度の維持・運営には相応のお金がかかります．
　３つ目が「制度」です．「ヒト」と「モノ」があっても，弁護士会の公益活動は遂行できません．当番弁護士が会員の総意で創り上げられた「制度」として確立しているからこそ，会員の協力を得ることによる公益活動として成り立つわけです．
　以下，当番弁護士制度を，「人的資源」「物的＝財政的資源」「制度」の３つの観点から述べます．

2．制度の運用状況

　まず，「制度」の運用状況です．当番弁護士制度は，1990（平成２）年12月に福岡部会で開始され，制度開始から１年以内に小倉（現在の北九州）部会，

久留米（現在の筑後）部会，飯塚（現在の筑豊）部会でも開始されました．既に大分県弁護士会が名簿制による当番弁護士を開始していましたが，福岡県弁護士会では，制度の発足当初から（福岡部会では）待機制を採用していたことが特筆すべきことです．

　その当時の福岡県弁護士会の機関紙であった「当番弁護士の歩み」によれば，初年度である1990年度の当番弁護士の出動件数は108件であったものの，2年目は217件，3年目は415件と倍々に増加していったことがわかります．これは，裁判所構内での当番弁護士制度のポスター掲示，勾留質問時の裁判官による口頭での告知が開始されたことによるところが大です．制度の発足当初は，出動件数が何百件台に留まっていたことから，受任率は概ね50％前後でしたが，その後，当番弁護士の出動件数は飛躍的に増加し，制度発足から7年目となる1997（平成9）年度には，ついに1000件を突破して，1073件の出動件数を計上しました．さらに，制度発足11年目となる2001（平成13）年度には，出動件数が2312件となりました．なお，このころから出動件数の過半数は裁判所の要請によるものが占めています．また，受任率は約25～30％で推移しており，そのうち被疑者弁護援助制度の利用率は70～80％であり，これらの数値には大きな変動はありませんでした．

　さらに，2006（平成18）年10月，刑事訴訟法の改正により，短期1年以上の懲役・禁固の法定刑にかかる被疑事件について，被疑者国選弁護制度が始まり（第1段階），2009（平成21）年5月には，裁判員裁判が開始されるとともに，長期3年を超える懲役・禁固の法定刑にかかる被疑事件が被疑者国選弁護制度の対象となりました（第2段階）．このような被疑者段階の国選弁護制度の創設・推移は，当番弁護士の出動件数に大きな影響を与えています．制度発足16年目である2006（平成18）年度には，被疑者国選弁護制度の第1段階が開始されたことにより，出動件数が3991件を計上し，統計上もっとも出動件数が多い年度になりました．さらに，制度発足19年目である2009（平成21）年度には，いわゆる必要的弁護事件について被疑者国選弁護制度の対象となったことから，当番弁護士の出動件数は2688件と減少したものの，その後も年間の出動件数は依然として2000件台が続いており，受任率も20％程度を維持しています（報告者注：さらに刑事訴訟法の改正により，2018〔平成30〕年6月から勾留された全ての被疑者が被疑者国選弁護制度の対象となっている〔第3段階〕）．従って，当番弁護士制度は，現在においても弁護士会の重要な公益活動として位置づけられており，その主要な役割が逮捕直後の出動に移って

きているということがわかります.

ところで，福岡部会では，制度発足当初の待機人数は6時間ごとに1名（1日の待機時間が合計12時間，そのうち1人が6時間を受け持つ）であったものが，出動要請が増えるに従って待機人数が増加し，現在では被疑者国選・当番付添の待機者を併せると，1日あたり10名の会員が当番弁護士のために待機しています．また，北九州，筑後，筑豊部会は，それぞれの特性に応じた独自の配転方法を採用しています．例えば，北九州部会では，管轄エリアを3分割し，それぞれに当番を割り当て，登録弁護士が1人につき5回まで重ねて重複配点を受けることができる制度を採用しています．筑豊部会については，以前は会員数が少なかったため，福岡や北九州から当番弁護士として出動する会員を派遣していましたが，現在は会員数の増加により部会でまかなっています．このように，福岡県弁護士会では，各部会がそれぞれの特性に応じた制度を採用し，さらにはお互いに助け合うことで制度を確実に運用していることがわかります．これが福岡県弁護士会の当番弁護士の「歴史」「伝統」です．

3．人的資源

次に，「人的資源」について述べます．福岡県弁護士会では，伝統的にベテラン・中堅が若手を育てるという風土があり，刑事分野においては，その傾向が如実に表れているといえます．特に，当番弁護士制度の創設に関わったベテラン・中堅の会員が，自ら率先して当番を引き受け，その姿を若手が目の当たりにすることで，若手のやる気を鼓舞してきました．近時，会員数が飛躍的に増大しましたが，そのよき伝統は，将来の弁護士会の公益活動を担う重要な要素として，今後も維持していかなければなりません．

4．物的＝財政的資源

最後に，「物的＝財政的資源」について述べます．

当番弁護士は，弁護士というプロフェッションによる高度の公益的意識によって支えられているものです．従って，当番弁護士制度の発足当初には，決して十分な財政的な手当があったとはいえず，会員のボランティア精神に大きく依拠していました．その実態は，現在もなお，基本的に変わらないと

いえます．

　しかしながら，年を追うごとに出動件数が増加していく実態を見るにつけ，制度そのものの財政的な裏打ちが当然のように問題となりました．そこで，福岡県弁護士会は，1993（平成５）年４月に「リーガルサービス基金」（現在のリーガルサービス特別会計）を立ち上げました．この基金は，弁護士会が全ての公益活動の原資となる資金を特別会計として基金化したもので，その原資は，福岡県弁護士会が昭和50年代に「天神法律相談センター」を立ち上げ，いち早く有料法律相談業務を開始したことによる，その相談料収入や，法律相談センター経由で事件を受任した会員が納める事務手数料等を充てています．さらに，これに加えて，1995（平成７）年６月には当番弁護士等の緊急財政基金という日弁連の特別会費，2002（平成14）年４月には福岡県弁護士会独自のリーガルサービス活動を充実させるための負担金の徴収も開始されていて，これらの特別会費は現在も維持されています．

　このように，公益活動に直接的には携わることのない会員も，特別会費を負担することにより，財政的な側面で支える態勢が作り上げられました．すなわち，特定の会員が支える公益活動から，全会員が支える公益活動に変化するという，弁護士会の方針も変容したといえるでしょう．このバックボーンとなっているのは，当番弁護士制度を絶対に公的な弁護制度に昇華させるのだという，極めて強い先人会員の熱意であるといえます．この目標を達成するために，あとどれだけ時間がかかろうが，この取り組みを続けていくことこそ在野法曹の責務であると考えます．

　当番弁護士制度が発足した20数年弱前と比べれば，会員数が飛躍的に増大しており，その点では会員一人一人の公益活動に対する意識の希薄化がないとはいえません．しかしながら，いま一度，中堅・先鋒を担う中堅会員が，20数年前の当時の先人会員の熱意を思い起こし，その思いをこれから弁護士として第一線で活動する若手・新人に伝えていくことで，福岡県弁護士会の公益活動がより良い方向に行くよう進めていくことこそ，我々に課された義務であると考えます．

（やすたけ・ゆういちろう／福岡県弁護士会）

◉第1部／当番弁護士制度の誕生とその成果

7 ◉当番弁護士制度発足25周年記念シンポジウム
当番弁護士制度の意義と刑事司法にあたえた影響

【パネルディスカッション】

パネリスト

中山　隆夫（元福岡高等裁判所長官・中央大学法科大学院教授・弁護士）
村岡　啓一（一橋大学法学研究科特任教授）
傍示　文昭（西日本新聞社編集局次長）
美奈川成章（日弁連取調べの可視化実現本部副本部長・弁護士）
安武雄一郎（日弁連刑事弁護センター副委員長・日弁連国選弁護本部事務局長・福岡県弁護士会刑事弁護等委員会委員長・弁護士）

コーディネーター

高平　奇恵（福岡県弁護士会刑事弁護センター運営委員会委員長・弁護士）

＊所属・役職は2016（平成28）年2月27日時点のもの．

●中山隆夫（なかやま・たかお）　中央大学法科大学院教授兼弁護士．1974（昭和49）年裁判官に任官．最高裁刑事局課長，東京高裁刑事部総括判事，福岡高等裁判所長官などを歴任，2013（平成25）年10月退官後，弁護士登録．

●村岡啓一（むらおか・けいいち）　一橋大学法学研究科特任教授兼弁護士．1976（昭和51）年に弁護士登録．ロンドン大学（LSE）客員研究員，一橋大学法学研究科教授，同研究科長，同研究科法科大学院長等歴任．

●傍示文昭（かたみ・ふみあき）　西日本新聞社編集局次長．1984（昭和59）年入社．当番弁護士制度発足から1年の取組みを検証した連載記事・当番弁護士を通じて得られた被疑者の言い分の連載記事「容疑者の言い分〜福岡の実験」を掲載するなど，積極的に当番弁護士制度の報道に携わる．

●美奈川成章（みながわ・しげあき）　福岡県弁護士会所属・城南法律事務所．1972（昭和47）年に弁護士登録．福岡県弁護士会刑事弁護等委員会委員長等を歴任．当時，日本弁護士連合会取調べの可視化実現本部副本部長．

●安武雄一郎（やすたけ・ゆういちろう）　福岡県弁護士会所属・安武法律事務所．1993（平成5）年に弁護士登録．日本弁護士連合会刑事弁護センター副委員長，日本弁護士連合会国選弁護本部事務局長，福岡県弁護士会刑事弁護等委員会委員長等を歴任．

1．当番弁護士制度がもたらした意義

高平　当番弁護士制度がもたらした意義について，個々の刑事事件への取組みや弁護活動への具体的影響としてどのようなものがありましたか．
村岡　起訴前弁護の中身が，従来はよく分からなかった．どういうことをすれば結果としてどのような成果が得られるのか．特に，外部交通，つまり被疑者と外界とをどうやってつなぐのか，また家族の支援をどう伝達するのか

などが分からなかった．こういった基本的なところで弁護士が必要とされることが分かると同時に，目に見える成果が現れたというのが当番弁護士制度の大きな意義といえる．それと被疑者国選が視野に入ってきたというのが大きいと思います．

高平 美奈川さん，いかがでしょうか．

美奈川 数値上も，例えば勾留決定に対する準抗告[*1]など，当番弁護士制度が発足して全国化したあたりから，以前とは比べものにならないほど増えていると思います．1999年ころからですかね，実際の効果が現れていると思うのは．2014年は，9570件ですけど，1999年ごろは1700件ぐらいだということで，具体的に増えてきた．不起訴率も目に見えて多くなっているということがあると思います．さらにいうと，以前，私選弁護でもやらなかったような丁寧な弁護が見られるようになりました．

　賛否あると思うところですが，夫を刺した妻が，最終的には年末，12月28日くらいに起訴されたが，そのとき当番弁護士がすぐに，被疑者弁護人になって，すぐに保釈請求した．被害者である夫の示談書，処罰を望まないというのを取り付けて，家には子どもが2人と目の見えない母親がいるので，なんとか勾留取り消しをしてくれといったら，裁判官から保釈にしてくれといわれて，お金ないですよ，といったら弁護人の全額保証書で認めるからということがありました．それから自分の友人の結婚式をドタキャンして，殺人の被疑者に接見に行き，被疑者から頼まれて彼の飼っている犬を事務所に連れてきて，それ以来ずっとその犬を事務所で飼ったというようなですね，言ってみれば，たぶんみんな，それまで被疑者弁護ってやったことがなかったと思うんですけど，それに極めて原則に忠実というか，そこまでやらなくてもいいんじゃないかというくらいの，いろんな活動が浸透していったということも言えると思います．

高平 そのような意識の変化について，当時，若手で活躍されていた萬年浩雄さんに会場から一言お願いします．

萬年 当番弁護士が出動した場合は，必ず報告書を出します．刑事弁護等委員会で上田國廣弁護士と美奈川成章弁護士，福島康夫弁護士あたりがチェックして，こういうことではどうなんだという指導をされてきたから，刑事弁

[*1] 勾留・保釈・押収などの裁判や検察官・司法警察職員による一定の処分につき，裁判所に対してその取り消しまたは変更を求めること．

護のレベルが高くなったと思います．極論すると，私選が来たんだけど，私選は高くとりますから，国選とどこにサービスの差を付けようかと言ってもサービスの付けようがない．国選もみんなまじめに全力投球でやってるもんだから，どこにも差を付けようがないという贅沢な悩みも当時はありました．その面で，中堅でやっていた上田弁護士，美奈川弁護士などの刑事弁護指導が非常にプラスになって，刑事弁護のレベルを上げたと言えると思います．これも当番弁護士の報告書を義務付けたからそうできたことです．

高平　裁判所から見て当番弁護士制度の導入によって何か変化が感じられたでしょうか．

中山　3点あります．

1点目は，警察も，検察も，当番弁護士制度をごく当たり前のものだと受け止めるようになったことです．そして，弁護士が，被疑者段階にいるのだということを意識した取調べになりました．それが一番大きいと思います．

2点目について述べます．私は，当番弁護士制度導入後，東京地裁で裁判長をやり，刑事弁護の状況を見ていたのですが，それまでは接見に行かない弁護士も相当多かったようです．私は，裁判官が入廷する前の法廷での弁護士の様子を書記官に聞くようにしていましたが，「あの先生どうだった」と聞くと，「被告人と初対面の挨拶をしていました」という答えが返ってくる．そんな状態で国選弁護人としてやっていた方が残念ながら一定程度いたのです．昔は裁判所が国選弁護人の報酬を決めていましたから，そういう方だと判明したときには，最低額にすることをやっていました．しかし，そういう方が，当番弁護士制度が導入され，被疑者弁護の充実ということで，いなくなってきたということが言えるだろうと思います．

3点目は，当番弁護士制度の審理への反映という意味では，当番弁護士から被疑者弁護援助制度[*2]を利用して弁護人となった弁護士については，被告人国選弁護人にそのままスライドする運用も行うようになりました．それが被疑者国選の方に繋がっていくことになっていったと思います．

もっとも，法廷での弁護の中身はどうかを見たときには，あまり従来と変わっていないのではないかという思いがありました．というのも，まだまだ

---

*2　刑事事件で勾留された被疑者のうち被疑者国選弁護制度の対象でない者に対し原則無償で弁護人を付する日弁連の制度．なお，2018（平成30）年6月1日施行の改正刑訴法により全勾留事件が被疑者国選の対象となった．

捜査機関にガチガチに固められていて，それを突っつき切れていない．もっと新たな視点を弁護人としては出さなければならないのではないかという思いを持ちました．そして，どうしてそうなるのかというと，弁護士の先生方の事務所は多くの場合お一人しかいませんから，事件の調査をするにしても誰も動いてくれない，手足になってくれる人がいない，そういう点も一つの要因ではないかと思いました．そこで，司法制度改革の折にはそういうことも考えて，法テラスをつくるのであれば，法テラスの職員を事件調査に使う，それをもとに反証を出していくことも考えたらどうかということを弁護士会にはぶつけてみたのです．しかし，法テラスは法務省傘下，法務省は敵である，「敵の傘下に入るわけにはいかん」と弁護士会に言われてしまって，結局ポシャってしまいました．本当はそういう活用の仕方も，十分考えられると思っていますし，まだまだ今からも工夫の余地はあるかなと思っています．

高平 一般市民にとって，報道機関からみた意義はいかがでしょうか．

傍示 弁護士会が本気になって刑事弁護の改革に取組みはじめたという熱意は十分に感じたので，そのことを意識的に取り上げていこうという姿勢が私たちにあったのは事実．それと，当時私は，福岡県弁護士会が当番弁護士制度を始めてから司法担当記者になったが，たまたまそのころ，入屋秀夫弁護士が取り組まれた幼児せっかん致死事件というものがありました．

当時，入屋弁護士は35，6歳ぐらいの若手だったと思うが，初めて起訴前弁護に取り組まれて，ほとんど刑事弁護の経験もなかった中で，しかもあれは委員会派遣[*3]かなにかで，たまたま行けと言われたということで，こんな事件だけは受けたくないという思いがあったという．私たちが伝えた報道が，自分の子どもを虐待しせっかんし，食べ物を与えずということで殺人容疑で逮捕された事件だった．でも実際に入屋弁護士が被疑者に会ってみると，事実は全然違うんです．もともと虚弱体質で食べ物を受け付けなかったとか，若干しつけの度が過ぎた部分があったことはあったのですが，明らかにこれは殺意はない，殺人事件ではないということで，毎日接見に行かれて結果的に傷害致死での起訴になった．大きな成果だと思います．その後も，私選で付かれて，公判でも弁護人として担当されました．入屋弁護士をずっとそばで見ていて，こんなに弁護士の意識が短期間で変わるのかというくらい，当

---

*3 一定の重大事件等必要性があると認めた場合に，具体的要請がなくとも弁護士会が当番弁護士に出動を要請する制度．

番弁護士1年目の成果を隣で見て肌で感じました．弁護士の意識を変えたという意味でも極めて意義があったのではないか．そういうのを私たちはそばで見ていて，この制度は拡充させるべきだな，というのを痛感したこともあって，その後の「容疑者の言い分」[*4]報道にもつながったのは間違いない．

2．当番弁護士制度を生み出した原動力

高平 そういった当番弁護士制度を生み出した原動力について話を聞きたいと思います．財政基盤の実態について．会場から福岡県弁護士会刑事弁護等委員会副委員長の甲木真哉さんいかがでしょうか．

甲木 さきほどから，弁護士が自腹で始めた制度という話しは出てきていますが，具体的にどれくらい負担していたか，具体的な数字を含めて説明します．1990（平成2）年12月に始まったが，最初の段階では，そのために財政的な手当をするというのは考えてなくて，もともとあった法律扶助協会[*5]からのお金を出していくということで，1件当たり弁護活動をすると，被疑者段階では7万円が出ていました．それはどこからの収入かというと，もともと弁護士会から出しているお金にはなるんですが，特別な負担をするものではありませんでした．しかしそのままでは成り立たなくなっていく．どんどん件数が増えていって，財政破綻しそうな状況にまで追い込まれて行く中で，1995（平成7）年6月に，当番弁護士制度緊急財政特別基金が日弁連にできて，全国の弁護士全員が納める会費として月額1500円，年間1万8000円の負担ということで始まりました．しかし，これでは全然追いつかなくなっていって，その後月額が2200円，さらに2800円にあがって，2002（平成14）年の段階では，この当時は全件付添人制度[*6]，当番付添人制度[*7]が始まっていて，その分の負担もあったんですが月額4200円，年間5万円くらいの金額を負担していまし

[*4] 西日本新聞社が福岡県弁護士会の当番弁護士制度と連動し，犯罪に対する追及と人権擁護の調和を目指して取り組んだキャンペーン記事．平成5年度日本新聞協会賞受賞．
[*5] 昭和27年に日弁連が設立した法律援助を目的とした財団法人．平成18年に日本司法支援センター（法テラス）が新設されるに伴いその事業を引き継ぐ形で解散した．
[*6] 観護措置（鑑別所送致）をとられた少年が希望すれば無償で付添人を付する制度．平成13年2月に福岡県弁護士会が全国で初めて実施．
[*7] 観護措置を受けた少年や保護者の要請を受け弁護士が鑑別所に面会に行き，助言をする制度．その際に少年が希望すれば当該弁護士は脚注6の「付添人」となることができる．

た．福岡はこれら日弁連の負担に加えて，別にリーガルサービス基金[*8]という基金もあって，そこも枯渇状態だったので月額5000円を負担するということで，各会員，月額9200円，年間11万円くらいお金を負担していました．そういうことをずっと続けてきて，ようやく被疑者国選の対象が拡大したり国選付添人制度ができたということで，現在は月額が日弁連は3300円，県弁護士会が4500円ということで若干下がりましたが，いまもまだ負担し続けているという状況です．試算ですが，当番弁護士がスタートした当初から負担されている方は，トータルで約150万円くらい支払われています．しかもこれは特別会計分で，それ以外の一般会計からもお金が負担されているから，実際はもっと大きいということです．

高平　このように全会員に経済的負担を課すことを決めていったその先にはどんな展望があったのか，安武さんお願いします．

安武　なぜ弁護士が自腹を切ってまで当番弁護士を支えたのかというと，松江人権大会[*9]から始まる危機意識があったからだと思います．刑事弁護は弁護士しかできないことで，そういう信念がもともとあったといえるでしょう．

　そのうえで，なぜ持ち出しの制度を実行するのかというと，結局，国が制度として作るのを待っていたら全然動かない．弁護士が自分たちでやれることをやらなければ何も変わらないという意識が，先人会員の中に強くあったといわざるを得ません．また，全会員が財政的に支えることは，日弁連，弁護士会がこの制度というものを，最終的には公的な，国の制度としてやるんだ，それまで我々は歯を食いしばってがんばる，それが全会員の総意だという意識があったからです．だからこそ，総会で特別会費というものが可決され，それが今まで維持されてきたのだと考えます．

　私自身，日弁連の刑事弁護センターや国選弁護本部に10年以上行っておりますが，日弁連における議論の中で一部の会員がいうのは，弁護士会は，本来，国がやるべき公的弁護制度を現時点で肩代わりしているに過ぎないという指摘です．

　しかしながら，私はそのように考えておらず，もともと手弁当でやり始めて，それによって多大な成果が生じ，その実績が積み重なったからこそ，現

＊8　安武論文本書46頁参照．
＊9　第32回日弁連人権大会．「わが国の刑事手続きは，現在，憂慮すべき状況にある．」として「あるべき刑事手続の実現に向けて全力をあげてとりくむ」との刑事訴訟法40周年宣言を採択した．

在の被疑者国選に法制度として昇華したというのがまさに歴史的事実であると認識しています．要するに，誰かがお金を出してくれるから，それまでの間は自分たちでやろうと最初から考えていたわけではなく，これをやっていれば必ず見てくれる人がいる，必ずや市民は見てくれているという強い意識があったからこそ，これまで続けてこれたのではないかと思うのです．手前味噌かもしれませんが，弁護士という専門職の職業意識に支えられている部分が非常に大きいと思いますし，それが20数年経って被疑者国選弁護制度として結実したことが何よりの証拠であると思います．そういう沿革が，われわれ弁護士の意識を高めるということにつながっていると考えます．

高平 その意識ないし熱意というものの源泉はどこにあるのか，村岡さんどうでしょうか．

村岡 危機意識という言葉が出ましたが，確かに刑事弁護については将来展望が見えないというか，閉塞状況にあった．その中で，起訴前弁護が非常に重要だということは皆ひしひしと感じていた．被疑者国選制度を国に期待する，あるいは裁判所に期待する，といっても国が動かない以上我々が変えるしかないではないか，というそこまで追い詰められていたんだろうなという気がします．その先陣を切ったのが接見国賠訴訟だったと思います．一般的接見指定制度をなんとかやめさせようということで，国賠訴訟を各地で提起して全国展開をした．これが素地として非常に大きかったと思います．

　それと，私自身は確かにイギリスで当番弁護士を体験してはきたんですが，わが国への導入は無理だと思っていたので，積極的に推進してほしいと発言したことは一度もないんです．私が繰り返し「無理だ」と言っているのに，「いや，やる」って言われたときには正直脱帽しました．「こいつら本気なんだ」と途中から思い直しました．私が考えていたのは，初動弁護が必要なので救急車のイメージでした．この救急車の役割というところではみんな合意できたんです．実は，その先の病院，診療所はどうするんだという点が問題になるんですが，そこは刑事弁護センターや刑事弁護等委員会が担うといった程度であまり深く考えずに，とりあえず救急車の援助だけはみんなできるのではないか，やってみようよという点で合意できたことが大きかったと思います．

高平 では，無理だと言われながらもやるんだといった側から，美奈川さんお願いします．

美奈川 意識をエネルギーに変えて発散する場が当番弁護士だったし，被疑

者弁護援助制度だった．一番大きかったのは，当番弁護士はもともとイギリスで発足したときに，1回面会だった．だから，日本でも発足したときに，この直前に被疑者弁護援助制度が先行していたのは，ものすごく幸運だった．単に1回だけの面会ではなくて，その後の起訴までの弁護を保障できる．これ，ものすごく大きかったですね．さっきも言いましたが，それまでほとんどの弁護士が被疑者弁護をやったことがなかった．

　さらに，それに充実感に輪を掛けたのが委員会派遣制度．重罪事件，いままでやったことがないような事件で，被疑者段階からずっと担当できる．これは負担でもあるんですが，弁護士にとっては未知の世界を経験できる．熱意の源は，新しいことをやるんだという，これまでの弁護士生活になかった分野を経験できることなのではないかと思います．

高平　もうひと方，熱意の渦中におられたとして何度もお名前が出てきている上田國廣さん，お願いします．

上田　まずは理論的な問題というよりは，素朴な正義感といいますか，納得のいかなさですね．

　捜査段階という10日間，20日間という拘束を受けて，法律的にも不安な状態の被疑者がずっと弁護人の援助を受けることが実質的にできない．我々は法律を学んでいる刑事訴訟法・憲法では弁護人を付けなさいとなっている．そして，刑事訴訟法では39条1項で，弁護人の面会は自由にできますよと書いてある．その3項[*10]というのは極めて例外的である．それなのに現実には面会に行こうと思ったら，検察官と交渉しなければならない．10日間に1回ないしは2回，15分．みなさん考えてみたら，1回2回15分で，どんな弁護活動ができるのか．ほとんど弁護活動をさせないものだと．そうすると素朴に怒りが出てくる．その後の刑事裁判をやっていっても成果は出ない．被疑者段階ではそんなありさまである．公判段階でも，いろんなネックがある．そんな中で刑事弁護活動をしていても成果が上がらない．だからこそ，多くの人が刑事弁護離れをしていく．でも，刑事弁護離れをしていくだけではだめだ．やっぱり，エネルギーを結集しなければならないというのがみんなの思いの中にあったし，共感できるものがあった．それをみんなに結びつけながら，接見国賠訴訟も起こす，それからイギリスにも行くというのをやって

---

　*10　起訴前において捜査のため必要がある場合には，捜査機関が弁護人の接見時間及び場所を指定できるとする規定．

きたというのが正直な思い．まずは素朴な，納得のいかないところを徹底してやろうという意思がきちんとあった．それから，みんなが共感しながら，俺も私もと大きな輪になって組織的活動ができたのが大きかったと思う．福岡県弁護士会の人間関係が極めて円滑に進んでいった．

　もう一つだけ申し上げたいのは，イギリスに行ったときに，もう一つ当番弁護士制度で，「ん」って思ったのは，イギリスの場合は実験的・検証的です．とりあえずやってみて，うまくいくかをやる．日本ではどうだろうか．日本で制度をやるときに，全国津々浦々うまくいかないと制度にしませんよ．だったらいつできるんですかと，とりあえずできるところでやろうではないですか．と．歩きながら，走りながら考えるというところで，やれるところでやって，できるところからやる．まさにイギリスはそういうところで制度設計みたいなものもやっていたんだということを実感として受けました．そういう意味で，福岡県内でもやれるところがやろうじゃないか．全国的にも，とりあえず少しずつやっていこうではないか．裁判所も本来であれば全国きちんとやっていかないと援助できないとなるんだけれども，前向きに考えてくれた．いろんな人に支えられながらこの制度が実現したと実感した．そういう意味で，そのエネルギーというのは，そのときもあった．

　もう一つ言っておきたいのは，過去を懐かしむだけではなくて，いまだって納得いかないことは刑事弁護をやっていたらなおさらある．民事事件の場合は納得いかないところは言い分になる場合が多いんですけれど，刑事事件の場合は一方は検察官であり，厳しい状況の中で弁護活動をやっていかなければならない．そこをやはり，いまも引き続き，エネルギーをもちながら，弁護の質を高めて，刑事弁護が活性化していくように望みたい．

高平　このように走りながら考える制度について，報道機関からも支えてもらいましたが，その当時，なかなか市民からすぐに共感を得られないのに制度を支えてくださっていたことについて傍示さんからお願いします．

傍示　私たちの側からみると，利用させていただいた部分があります．私たちも犯罪報道を変えなければならないという危機感を，弁護士の刑事弁護を変えていかなければならないという危機感から生まれた制度に乗る形で我々の「容疑者の言い分」報道もやらせていただいたんです．その意味ではうまくリンクできたという意識はあります．私たちがそばで見ていて，なんで弁護士が熱意で走れたのかというもう一つの側面として，たぶん苦い失敗体験を教訓にしていきたいという，人としての生き様の部分が非常に大きかった

のではないかと思います.

　私は初任地が大分でして，1984〜88年まで4年間大分で勤務していました．当時，大分市のみどり荘で起きた女子短大生殺害事件[*11]の公判がずっと続いていたんですが，あのときに捜査段階で，輿掛(くつかけ)さんが取られた一通の自白調書が，結果的に，延々と6年ほど，7年くらいですかね，大分が当番弁護士をスタートする直前くらいに，一審で無期懲役判決が出たと思いますけれど，結果的に95年に高裁で無罪が確定するまで輿掛さんが13年半ほど勾留されるという事態を招いた．

　その出発点のところで，徳田靖之弁護士が私選で弁護人として付いておかれながら，ほとんど接見に行かずに，うろ覚えですけれど，初公判までに2回しか接見をしなかったとおっしゃっていたけれど，結局なぜあのときにもっときちんと，起訴前弁護をしておかなかったのかという反省が，大分において名簿制ですけれど福岡よりも先に動くという熱意につながっていったのは間違いないと思いますし，あの有能で謙虚な徳田弁護士が皆さんの前で懺悔するという形．「私はあのとき大失敗をしました」ということを報告会でおっしゃった．そこで古田邦夫弁護士も「実は俺も同罪だ」とおっしゃる．ここまで大分県弁護士会のリーダー的な弁護士が後悔されるのであれば，やっぱり弁護士会としてやらざるを得ないだろうという，共感を生んで，大分県弁護士会は間違いなく動き出したなと私たちは見ていました．

　弁護士さんたちが過去の苦い体験を教訓にしようという姿勢っていうのは，まさに私たちも同じだったんですね．えん罪の片棒を担いだという意識の中でどうやったら犯罪報道を変えていけるのか．であれば，少なくとも当番弁護士というのは意識が同じ方向を向いているわけですから，一緒になって我々も書かせていただくことで，報道のあり方も変えたいし記者の意識も変えていこうというのが，うまい形で連携できたのが大きな要因だと思います．

高平　報道機関だけでなく，裁判所が制度の告知に協力してくれたところが非常に大きな成功のファクターだったと思います．そこまでして，制度について協力を取り付けていただいた中山さん，その思いはどこからきたのでしょうか．

　[*11]　1981年に発生したこの事件ではB型の唾液が検出され，被害者の血液型と異なったため犯人のものとされ，隣室の男性が逮捕された．1989年3月一審で無期懲役判決後，1995年6月に控訴審で無罪判決がなされ，確定した．

中山　適正な裁判を実現するために，いまの刑事裁判のどこに問題があるのか，刑事裁判が形骸化していないか，裁判所のほうも真剣に考えていました．そういう意味では，問題意識がまったく同じ，共通していたのが一番大きいと思います．その後も，刑事司法の改革の流れというものを見たときには，一番的確な捉え方を弁護士会がされていたんだろうなと思います．

　福岡県弁護士会はそういう意味では，他の法曹に先駆けてまずそこを掴まえられた，そこに敬意を表したいと思います．さらに，それを実践された．制度を作るときには，私どもの方もどのように考えるかというと，「7割成功すればいい．後は，検証して具合の悪いところ3割は直していけばいい」，そうでなければ物事は動かないというふうに考えていますが，それを福岡県弁護士会が実践された．全国でそういうことをされていく．「いろいろ問題があるじゃないか」という消極論はもちろんあったのですが，それを同時併行で潰していった．そういう実証的な活動をされたというところを見て，「私たちもこれを応援していって良いのではないか，先は必ずこうなる」というふうに見えてきたというところだと思います．

3．刑事司法はどのように変わるべきか

高平　当番弁護士制度が国選弁護の創設につながり，ここから，様々な改革がなされていきました．今後の刑事司法はどのように変わるべきか，市民や報道の視点からすると，どのような部分を変えていかなければならないのか，傍示さんお願いします．

傍示　もう25年以上が経過し，当番弁護士が起訴前に接見に行くのが当たり前の制度になった．私たちも当たり前と受け止めて，当然弁護士が付いているんだから弁護士を介して被疑者の言い分を聞くのも当たり前のようになっている．

　私自身の反省でもあるんですが，犯罪報道に対する熱が，私たちの中でも相当冷めている部分があります．当時の危機意識がないということです．多メディア時代になって，だれもが様々なツールを使って情報発信できる時代が来ました．もちろん，逮捕される前に，被疑者が自分の正当性を主張することもできる状況の中で，私たちがこれまでと同じ犯罪報道をしていても良いのかと自問自答すべき問題というものが私たちの中にある．それをどう変えればいいのか，どうすれば時代に即した，まだまだ信頼されている部分が

既存メディアとしてあると思うんですが，新聞が書くことに対する信頼がまだあるうちに，私たちはどういうふうに報道のあり方を変えるべきなのかという議論がほとんどできていない．刑事司法がどのように変わるべきなのかの前に，私たちは犯罪報道はこれでいいのかをきちんとした議論をしないと，いま起訴前弁護が当たり前になり，そこから容疑者の言い分を聞けるのもある程度当たり前の状況が生まれた中で，どう変わればいいのか，というのは明確な答えが出せないというのが正直なところです．

高平 長く裁判所内で刑事司法の中心におられた中山さんどうですか．

中山 99.9％の有罪率がよく問題にされています．おかしい数字だと思うのですが，なぜかそっち側に収斂していくように，日本はなっていると思います．簡単にいうと，検察官は100点満点主義の起訴をします．「一つでも無罪があると出世できない」という俗説もありますが，そういうことを絶対避けようとします．その結果，どういう問題が出てくるかということをお話ししたいと思います．

　昔の覚せい剤取締法違反は，営利目的の譲渡とか，譲り受けといった起訴もたくさんありました．あるいは業務上過失，いまは自動車運転過失ですが，過失の認定が難しい事件でも敢然と起訴をするということがありました．しかし，それがどうなっていったかといえば，覚せい剤取締法違反だけをみても所持と使用での起訴ばかりです．営利目的の譲渡とか譲り受けの起訴がない．なぜかというと，譲渡とか譲り受けだと，証人として譲り受けた者等を調べることになり，そうすると無罪になる可能性がでてくるということです．しかし，単なる所持より，害悪を世の中にまき散らすという意味では，譲渡の方が悪いのです．そこは目をつぶり，無罪になる可能性のない所持と使用だけを起訴するというようになってきてはいないかということです．

　業務上過失等の自動車運転の関係でも，どの点を過失と捉えるのかが難しいような場合，道交法違反で起訴してきて，刑だけ重いものを求刑する．もっとも，こちらの方は，その後の被害者法制の充実という状況を受けて，そのような起訴はなくなってきましたが，往時はそういう状況も出ていたのです．

　どうしてそうなるかというと，そこにマスコミが絡みます．最初，起訴したときには，この被告人は「○○で悪い」といった報道をするのですが，いったん無罪が出ると，今度は，いきなり杜撰な起訴，杜撰な捜査と検察を責めるのです．そうすると，検察はますます固くなり，もっと確実なものしか

起訴しなくなるということになります．どうみたって負のスパイラル，99・9％が100％に近づいていってしまうのです．

　裁判員裁判の導入でも考えたのですが，犯人性が争われる事件については，検察も徹底的に，それこそ100％間違いないという人を起訴しなければならないと思います．そうでなければ，今の報道の中では，逮捕・起訴＝有罪のようなものが多いですから，被告人の家族や子どもたちが被害を受けるようなことになってしまう．しかし，そのような事件ではなく，業務上過失事件では，過失が構成できないからといってそれで起訴しない，道交法で起訴することになれば被害者が納得しない．そういう事件は裁判所の判断に預けてもらったほうがよい．仮に犯罪が成立するとしたら，犯人は間違いなくこの人というような事件も同様です．そういう意味では起訴基準を少し下げてもいいんじゃないか．

　でも，そうするための前提として，国民が，あるいはマスコミがそれを受け止めるだけの器量というか度量があるか．「起訴されたからといって，すぐに有罪かはわからないよね」というふうにならなければいけないのです．「99.9％はけしからん」となっても，そこが変わらなければ駄目だということです．そういう意味でも，ガチガチに固められた捜査段階のものをやるという意味でも，公判中心主義[*12]が非常に大事だと思うのです．それこそが平野先生[*13]が待望されていたところです．

　今回，取り調べの可視化[*14]ということで，任意性が争われたときに，裁判員の方は，取調過程の録画ビデオを見ることになります．そして，任意性があります，採用しますといって，調書を採用した場合，どっちが実質証拠になるというところでは，皆さんはビデオではなく調書だといわれる．取調過程の映写会になってしまうことを避けるために調書にしなければならないということだと思います．しかし，裁判員という立場から見ると，あのビデオを見たときに，「こんなことも言っていますよ．調書に書いていないじゃないですか」，というような疑問が出てきて，ストンと落ちないという事態も出て来ましょう．そうすると，次にどうしなければならないかというと，映

　＊12　公開の法廷において裁判所が直接取調べた証拠のみに基づき当事者が口頭で弁論して裁判が行われるという原則．
　＊13　平野龍一(1920年〜2004年)．刑事法学者．東京大学名誉教授・元総長．
　＊14　密室での違法・不当な取調べによるえん罪事件の反省を踏まえ，身体拘束下の被疑者取調べの全過程の録音録画をする制度．

写会じゃなくて，法廷でそういうものを聞き出さなければならない．そういうふうになることによって，刑事裁判というものが大きく変わってくるんじゃないかなと思います．そのために，被疑者段階でどういうふうに取り調べが行われたかは，きっちりと見ておかなければなりません．被疑者弁護の真の充実がこれから求められるのだと思っています．

　実は，私，弁護士になって，弁護士としても活躍されていますと司会の方から紹介されましたが，刑事事件は1件しかやっていません．しかし，そのやったもの1件が，取調過程のDVDを見なければならない事件でした．弁護人が5人ついていた事件なのですが，いろんな問題点を感じました．検察庁は取調べのDVDを1枚しかくれません．5人いるのに1枚しかくれないのです．ダビングも駄目．「実際に見るときに倍速，3倍速で見ればいいんですよ」と言うけれど，私が持っていた再生機は倍速ができなかったものですから，1倍速で聞きました．しかし，その結果，ある肝心な発言を聞き逃さなかったのです．被疑者が思わず発言した部分があって，それが倍速で聞くとなにも聞こえない．なんでこういうふうに言ったのだろうと，その前から真剣に聞き出すとわかりました．ストーリーを押し付けられ始めているのです．これを反訳するのがまた大変です．10倍時間がかかります．私みたいなロートルにものすごく時間がかかります．大変でした．このような経験をすると，国選弁護のありようも考えるようになります．今，裁判員裁判は，国選弁護人2人にはなっています．しかし，2人では足りないのではないか．もとより事案にはよるでしょうが，やはりそういう必要なものについては運用を変えてもらわなければなりません．ついこの間，最高裁の刑事局長のところに行ってそういうことも発言してくるかも知れない，と言ってきたんですが，「あ，どうぞ．それはご勝手に（笑）」と言われました．

高平　弁護士の立場から，刑事司法は変わらなければいけないのか，変えなければいけないのかについて，安武さんお願いします．

安武　当番弁護士制度が始まって25年，その間，被疑者国選が必要的弁護事件にまで拡大しました．[*15] 25年前と比べると隔世の感がありますが，当番弁護士の歴史は，当初は量の問題で，いかに多くの会員にそれを担ってもらい，一人でも多くの被疑者に接見し，起訴前弁護活動につなげていくかという問題を中心に動いてきたものと思います．

---

　*15　弁護人がなければ審理することができない事件（刑訴法289条1項）．

しかしながら，法テラスが発足し，被疑者国選が創設されてすでに10年近くになります．さらに今の被疑者国選制度になって6年以上経ちます．そうすると，すでに国選弁護人が被疑者段階でついているのが当たり前という世の中になっています．当然のことながら，裁判所も検察庁も，国選弁護人が被疑者段階からついていることを前提として，公判では勝負することになります．たとえば，被疑者が否認して争っている，しかしながら虚偽自白が取られてしまった，そのときに弁護人がついていれば，後から任意性を争おうと思っても，弁護人がついていながら何を言うのかと裁判所は言いかねません．現に，私はそのように裁判官から指摘されたことがあり，非常に苦い思いをしました．ただ単に当番弁護士で初回接見に行けば，あるいは被疑者国選弁護人に選任されて弁護活動をすればいいというものではなくて，どれだけ質を高めていくことができるかという時代に数年前からなっています．

　質的向上というものは一朝一夕でできるものではないですが，これを達成しなければ，せっかく先人が崇高な理念のもとに当番弁護士という公益活動を発足させた，その理念が没却されてしまうことになるのではないかと危惧します．要するに，仏は作ったが魂は入っていないという状態をわれわれ後輩が作ってはならない．そういう意識を強く持たなければならないと思います．

　例えば，福岡での当番弁護士の初回接見がおおむね何時間以内に行われているかを統計に取っておりますが，要請から24時間以内の接見が8～9割弱くらいで推移しつつ，十数％が24時間超の接見になっています．今後の焦点は逮捕段階での公的弁護制度の創設です．逮捕段階は，当然ながら最長72時間しかありません．接見要請があって24時間超の接見を行っていると，とてもじゃないけれども，まともな弁護活動などできるわけがありません．そうすると，初回接見をいかに早く行うのか，その段階でどれだけ十分な弁護活動を行うことができるのかという意識を強く持たなければなりません．そのために会内での啓蒙活動，会外での啓蒙活動が必要になってくると思います．

　ちなみに日弁連の会議で各地の実情を聞くのですが，京都弁護士会は当番の待機日にはほかの仕事を入れてはいけないという規則になっているそうです．要するに，要請があればすぐに行けるようにしなければならないことが制度化されているということです．従って，法律相談や法廷は入れてはならない，それを義務化しているのです．福岡はそうなっていませんし，今のところは会員の強い意識でもって支えられていると思いますけれども，すでに

会員数1300人に迫り，これからさらに会員数が増えていく中で，意識が希薄化するのを懸念しています．いま一度，全会員そろって質的向上をどのように図っていくかということを，刑事弁護等委員会としても意識していかなければならないと考えています．

高平　安武さんには当番弁護士，被疑者弁護の視点からお話いただいたので，美奈川さん，別の視点でいかがでしょうか．

美奈川　私は，これからの被疑者弁護を中心とした刑事弁護というのは，可視化と人質司法の打破というふうに思います．可視化については，当初あれほど渋っていた捜査機関，特に検察庁は，いまは積極的に取り組んでいます．警察もかなり実施件数が増えています．特に，検察庁は，裁判員裁判対象事件についてはいわゆる全面可視化といいますか，取調べの最初から最後までを必ず撮っています．これからはそれを前提に被疑者弁護をやっていかなければならない．取調べのビデオが実質証拠なのかどうかは非常に難しい問題であり，難しい対応を迫られるのです．従来の被疑者弁護とは違った意味で，例えば，従前は仮に自分の意に沿わない調書が取られたとしても署名押印を拒否すれば証拠にならないんですから，ということでやっていたのが，今はそのDVDを実質証拠にされたり，あるいは任意性，信用性の判断資料として請求されるとその辺が通用しない．ですから，その辺に対応するために，いま日弁連では，一つは可視化された裁判事例集を収集していますので，ぜひ，協力して，そういう事件をやった場合には必ず，可視化本部に報告書を出してほしいです．

　それから，各地で発展型研修という形で今までずっと，可視化を前提とした弁護活動，たとえば模擬接見を見ながらどこがまずいのかを，どうしなければいけないのかということをやっているのですけれど，これをもっと回数も対象範囲を広げてやらなければならないと思います．

　そしてもう一つの人質司法．裁判官や裁判官経験者に言うと，人質司法ではないといつも怒られますが，私はやっぱり人質司法だと思います．韓国の身体拘束制度と日本のそれとを比較してみます．我が国と韓国の刑事訴訟法はほとんど同じで，勾留の要件，保釈の要件も同じです．でも違うのは，韓国では勾留されたまま起訴される人は10％．日本はいまでも60％超．しかしこれは，もとからそうだったのではなくて，韓国も20年前は日本と同じように６割の人が拘束されたまま起訴されていました．それから韓国の場合では勾留の実質審査が非常に厳しくて，そこで十数％が却下されるという状況が

あります．それに懲りてというか，捜査機関が勾留を厳選して請求しています．さらに韓国の場合には拘束適否審査があって，勾留の途中で判断を求めることができます．もとからダメなもの，勾留決定があったときにはよかったけれども，必要がなくなれば釈放命令が出ます．さらにその中で，勾留の要件には当てはまるけれども，お金を積ませて釈放しようという，事実上の起訴前保釈もあります．そういうところをくぐってといいますか，さらに勾留を続けられた人に対して，起訴後の保釈があり，保釈保証保険もあります．非常に安い保険料で証券を発行してもらい，それによって保釈が認められることになっていて，我が国でも弁護士協同組合が保証書を発行するということで裁判所もこれに応じてくれているけれど，まだまだこの制度もこれからというところです．ですから，人質司法の打破については，本当に力を入れなければ恥ずかしいと思っています．

高平 では村岡さんはいかがでしょうか．

村岡 私はいま弁護士をしておりませんので，外側にいる人間として気楽なことを言います．「だんだん難しい時代になってきたな，皆さん大変だな」という思いで見ています．

　99.9％で思い出したのですが，イギリスに行ったときに，日本では有罪率が99.9％だという話をすると，「人間の作った制度で99.9％，限りなく100％に近いという数字が出てくること自体，どこかに問題があるよ」と言われました．実際にイギリスでは51％ルールといいまして，有罪の見通しが半分を超えれば起訴する．つまり，私人訴追者（警察の代理人）が起訴して陪審裁判になる．そして，実際に半分くらいが無罪の評決になる．それで，当時のサッチャー首相が怒っちゃって，それまでなかった公的な検察官制度を導入することになるんです．ここで私が言いたいのは，51％ルールが良いか悪いかではなくて，イギリスで陪審に問われているのは，何が真実かではなく，当時訴追を担っていた警察官が有罪の見通しで起訴した事実が証明できているかどうかであった点です．

　日本でも，裁判員裁判が増えてきましたが，裁判官及び裁判員に問われているものは，やはり検察官の有罪の証明ができているのか否かだと思います．その意味で，刑事弁護人が着目する弁護活動も，従来は何が真実かといった実体的真実にこだわっていたと思いますが，これからはそうではなく，訴訟的に有罪の証明ができているか否かに着目する，そうした姿勢への転換が必要だと思います．

また，これからは，被疑者段階で取調べの可視化がなされるのみならず，捜査協力型の司法取引[*16]も始まります．そうすると，弁護人が伝統的に持っていた性格，「国家との対抗関係の下での宿敵」というものから，かなり違う役割が出てくる．ある部分では検察官とウィンウィン関係になって，第三者を国家に売り渡してでも依頼者の有利な処分を得ようとする方向に行かざるをえない．それは，本来の弁護士の姿なのだろうかという深刻なジレンマを引き起こすことになります．

　私が言いたいのは，刑事司法の大変革の中で弁護士のアイデンティティが変わってくるし，被疑者段階の弁護活動においても今以上に複雑かつ重い責任が待っているということです．その中で，弁護士および弁護士会に問われるのは，個人の力量の問題のみならず，新たな制度を運営していく前提となるプロセスの透明化であるとか，証拠開示であるとか，前提条件がきちんと整備されているかどうかの検証だろうと思います．この前提条件なしに，弁護人に「さあ，皆さん方に期待してますよ」というのは無責任な話であって，被疑者段階の弁護人が活躍するための条件整備は，福岡県弁護士会，さらには日弁連の大きな課題になるんだろうな，と思います．

高平　これまで当番弁護士制度を中心に刑事弁護に着目してきましたが，当番弁護士制度は日弁連の最大のヒット商品といわれ，これが定着したことによって新たな分野での成果を確立し，また確立する方向になっています．そのことについて会場から，まず子どもの権利委員会の赤木公さんお願いします．

赤木　福岡県弁護士会では，2001年2月1日に，全国初の当番付添人制度を実現させました．これは未成年者が逮捕されて，家庭裁判所に送られることになった場合，弁護士が家庭裁判所での審判に付かないということは，やっぱり成人よりも，権利を守る能力が低い子どもたちに弁護士の援助が付かないのはおかしいじゃないかということで，当番弁護士制度を参考に福岡県弁護士会で手弁当で，少年審判に弁護士の援助を与えようという形で発足させた．この動きが全国に波及し，その結果，国の制度を動かすことができまして，限られた範囲ではありますけれども，国選付添人制度が設けられました．

＊16　一定の事件につき，他人の犯罪事実に関する供述・証言を行うこと等と引き換えに，起訴をしない，軽い犯罪事実での起訴をする，軽い求刑をすること等を合意するもの．取引に際しては，検察官・被疑者（被告人）・弁護人が連署した書類を作成することとなる．2016年5月の改正刑事訴訟法に導入，2018年施行．

高平 続きまして，精神保健委員会の田瀬憲夫さんお願いします．

田瀬 福岡県には精神保健当番弁護士という制度がありまして，精神科の病院に自分の意思に基づかずに，強制的に入院を余儀なくされた人が，退院の請求等をしたいときに弁護士会に電話をかけて，弁護士が派遣されるという，当番弁護士に近い制度が設けられています．福岡県弁護士会にこの制度が発足したのは，1993年です．刑事当番弁護士が発足した約3年後ということになり，当時を知る人に聞いたところでは，当番弁護士制度を発足させた熱意をそのままお裾分けいただいて発足したと聞いています．

　精神保健という分野自体がかなりマイナーなものであるにもかかわらず，初年度の名簿登録人数が，当時の福岡県弁護士会の会員の4分の1を超える122人．その初年度に100件超の出動があった．おそらく，刑事当番弁護士の盛り上がりがなければ，初年度からそこまで活発に使われなかっただろうと考えています．この制度自体は，法制化されたり，全国に広まったりはしていないんですが，九州では全県に同じような制度をつくろうということで，2012年に，九州弁護士会連合会の定期大会で宣言が出され，連絡協議会ができています．こうなってくると，精神保健当番弁護士の制度も，最初は行くことが大事と言っていましたが，行くのは当然になってきたから，今度は中身を上げていかなければならないとなるわけですが，先を走って，今は中身の方に入っている刑事当番弁護士制度には，良いお手本として引き続き頑張っていただきたいと思っています．

高平 行政問題委員会の木村道也さんお願いします．

木村 民事紛争では法律援助であったり法テラス等の制度があったりするのですが，行政庁との関係で，何か指導がありましたとか処分がありましたというときに対する援助制度は現在ございません．これについて，行政問題委員会の中では，何らかの形で弁護士会としてできることはないのかということで，制度設計して始めたいと協議しているところです．熱い思いを行政問題委員会でも受け継いで話を進めていきたいと思います．

高平 このように当番弁護士制度が発足定着したことで，さまざまな動きがでてきています．これからの我々弁護士が様々な制度を担っていかなければなりませんが，未来に向けて，弁護士に期待されることについて，傍示さんお願いします．

傍示 刑事司法は多くの市民にとっては必ずしも日常的に接点があるわけで

はありません．記者という立場からみると，つまり刑事司法ではなくて刑事案件という視点に立つと，そこには被害者が含まれます．その意味では弁護士を必要としている立場の人間は，被疑者以上に裾野が広いということです．

先ほど，みどり荘事件の話をさせていただきましたが，1995年に無罪が確定した後，被害者のご両親を何度か取材させていただきました．そのときに，私たちは絶望的な気持ちになったんです．「あっちはたくさんの弁護士さんがついてくれて，市民の方も付いてくれている．私たちには誰も支援者はなかった．14年間ずっと蚊帳の外に置かれてきた．しかも私たちは，あの人が犯人だと教えてこられて，あの人を恨むことによって怒りをエネルギーにして生きてきたんだ．今更あの人は犯人じゃないと言われても，私たちはどこに怒りのエネルギーを向けて生きていけばいいんですか」という言葉を聞いたときに，ああそうなんだと．私たちは被害者のことを何も語ってこなかったし，被害者に対してそういう目を向けてこなかったんだということに気付いたんです．それは徳田弁護士からも同じような指摘を受けました．

当然，「容疑者の言い分」を始めたときにも読者の方からそういう問題提起がありました．新聞は被疑者のことばかり語ると，被害者のことを語ろうとしないじゃないか．それはおかしいじゃないかといわれておりましたし，それは非常に，僕らにとって宿題となっていたんです．そういう流れがあって，当番弁護士を通じて被疑者の言い分を書くことによって，事件を多角的に，複眼的に見る視点が生まれたことから，次はぜひ被害者をやろうということで，1998年から1999年にかけて，犯罪被害者の人権を考えるというキャンペーンをやりました．

そのときのコンセプトは，被疑者の人権を上げれば被害者の人権が下がるとか，そういう上がる下がるの問題ではなくて，この２つの人権は両立できるはずだという両輪論というのを唱えて，私たちは「もっともっと被害者が置き去りにされていると．被害者の権利を擁護して，被害者を守るための法律整備，社会的なシステム，様々なところで，制度を確立しなければならないんじゃないか」という問題提起をしました．その上で，福岡県弁護士会の方にも，ぜひ被害者支援の委員会を作ってくださいと，萬年弁護士に問題提起をしました．そこから福岡県弁護士会としても動いていただいた経緯がありました．その意味では，被疑者の人権をやったことによって，被害者のそ

れもやることができました．そのキャンペーン後に，民間支援センター[*17]を，小倉の内川昭司弁護士にも入っていただいて立ち上げて，いま発足から16年目になりましたけれども，任意団体から始めた団体が公益社団法人にまでなりまして，私も理事として運営の一翼を担わさせていただいています．被疑者もですけれど，被害者にも目を向けていただいて，被害者の置かれた地位の向上を，本当に理不尽な犯罪に巻き込まれて，絶望の淵に立たされている被害者がたくさんいるんだということを，弁護士が一番知っているんだと思います．その意味でも，一緒になって被害者支援にも協力していただければと思います．

高平 中山さんいかがでしょうか．

中山 いまの被害者のことですが，家裁調査官[*18]の研修で被害者遺族の方に来ていただき，私も同席してお話を聞いたことがありました．刑事の裁判官をやっていて，被害者の心情というものは十分理解しているはずだと思って聞いていたんですが，実に浅はかだったということがよく分かりました．想像できていない，そんなこともあるのかと非常にショックを受けました．非常に自分自身の認識を見直すきっかけになったので，その方にはその後も何度か転勤した地に来ていただいて，若手の裁判官や職員に話をしていただきました．被害者を被害者として適切に扱って差し上げなければなりませんが，他方で，今度は被告人の人権のほうも問題になってくる部分もあります．往時，「裁判所は被告人の人権を守っていない」などと言われたときに，裁判所は，「いや被害者にも人権がありますから，被害者のことも考えなければなりません」と抗弁していました．しかし，最近は，「被害者の人権人権といわれても，被告人の人権も考えなければいけません」というように変わってきています．この問題はバランスをとるのが実に難しいところがあります．その意味ではマスコミの方も，その辺も是非とも見ていただきたいと思います．

　根幹にあるのは，日本人の国民性でしょうか．日本人は実体的真実主義，必罰主義が非常に強い．日本人が事実と言ったときには実体的真実を意味するんです．これに対し，アメリカは違う．アメリカではファクト，ファクト

[*17] 犯罪被害者の支援を目的として設立された組織．福岡犯罪被害者支援センターとして発足．

[*18] 家庭裁判所調査官．家事事件や少年事件において紛争の原因や少年が非行に至った動機，成育歴，生活環境等を調査する家庭裁判所の機関．

というのはファクトリー（工場）と同じ語源なんだそうです．つまり作られた事実，要するに，「この証拠であればこれを真実としなければならないよね」ということで，手続的正義の方を絶対視する．それが英米国民です．

　しかし，日本は，例えば無罪でも，では誰が犯人なのだ，なんでそんなことがあったんだとか．例えば，和歌山カレー事件のときにも，被告人は有罪という結論を出したのに，「なんのためにやったのかがわからない，突っ込み不足じゃないか，刑事司法は」と批判されました．村岡先生が言われるように，「これは，この事件が立証された，被告人は有罪と立証された」ということなんですよ，ということを言っても，国民は納得しない．そういうなかで，説明責任を求められる時代になっている．その辺をどうやって考えていくかが問題なのです．

　私が先ほど，「検察官には真犯人かどうかが争われる事件については，徹底的に捜査してもらいたい」と言いましたが，それはどうしてかというと，被告人が起訴されると，例えば，子どもたちに対して学校等でいじめが始まる，あるいは村八分的なことが日本では起こってしまう．その辺の国民意識が変わらない限りは，そこは慎重にしてもらわなければならない．しかし，その他のものについては起訴基準をもう少し緩やかに考えていってもいいんじゃないですか．それをやることによって，国民意識は変わっていくのではないんですかという意味での問題意識です．

　最後になりますが，いま新たな時代の刑事司法ということが出されています．おそらく国会を通るでしょう．3年の間に施行されて，その3年後に見直しということになっています．一番大事なのは，その間に弁護士会がきちんとデータをとることです．さきほど日弁連がとっているということで安心しましたが，あらゆる角度からいろんな問題を全部とるべきです．それをどこかに集めて，検証，分析してみなければいけません．

　検察庁の立場からすれば，今回の改正で取調べの可視化について対象を限定したということになれば，限定したのが正しかったという意味での検証をしていったほうがいい．あのとき，限定を心配されたけれど，そんなことは実際にはないのではないかという事例を集めなければならないのです．他方，それに対して，いや逮捕段階まで行くべきだ，もっと広げるべきだというのであれば，それが無かったがためにこんな問題が起きましたという事例も重要です．

　さきほど村岡先生から，司法取引についても問題がある，こういうふうに

なりますよ，という指摘がありましたが，それについても，制度ができた段階で，こういう悪いことが出てきちゃうという事例を集めなければならない．検察はこれによってうまくいった事例というものをドンドン出してくる．そういう両者のぶつけ合いがすごく大事だと思います．

　大変失礼な言葉になってしまいますが，日弁連は，どちらかというと観念論，運動論だけで対応される面があります．福岡県弁護士会はまずは走って考える．日弁連は，どちらかというと，考えるんだけど拳を突き上げるだけです．要求するだけではものにはなりません．それが現れたのが，法曹人口論です．法曹人口が5万人のフランスを目指すというものでしたが，いずれそれを超えて，12，3万人になることは目に見えていました．その上，日本の場合は，司法書士，弁理士，行政書士など周りにパラリーガルがたくさんいます．「そういうところと，単に弁護士がいるだけのところを比べて大丈夫なのでしょうか」「12，3万人になるということを見据えた上で，どれだけのニーズがあるかということをもう少し実証的に考えられてはどうですか」と，私どもは盛んにお話ししました．それでも強引にいかれてしまった．やっぱりその辺は，観念論，運動論だけではまずかったということです．是非とも実証的なデータを集めて欲しいということをお願いしたいと思います．

　あと，取調べの可視化ということになったときに，ある東京の有力な弁護士が，「最初に行って，とにかく黙秘しろというだけだ」と言われるのです．果たしてこれでいいのか．おそらくそういうことであれば，国民は納得してくれない．今，刑事司法の第二幕が上がって，第一ステージが今回通るかどうかという法律案だと思います．次に進むためには，きちんと峻別する必要があるのではないでしょうか．「これはこういうことであるから，やっぱり黙秘が必要だ」というものであれば理解できます．しかし，何でもかんでも，全ての事件を一緒くたにして，本人が全部明らかにして楽になりたいと言っているのに，「しゃべるな，黙秘を続けろ」というのはおかしいのではないでしょうか．その辺はきちんと峻別してやっていく，これが弁護士には求められるように思います．

高平　これから，いろいろな制度を発展させて，作り上げていかなければならない我々の立場，内側から特に若手に対してどのようなことを期待するか，安武さんお願いします．

安武　いままでの弁護士や弁護士会の歴史を見ますと，在野法曹は，その時々に応じて，非常に苦しい立場に立たされていることがあるということで

す．他方，それを行動力で乗り切ってきたという歴史的事実もまたあるものと思います．在野法曹は，観念論だけではなくて，実践論で物事を語っていくべきです．個々の事件に対する弁護活動を通じて実績を積み上げ，それが何らかの形で結実するというのをこれまで繰り返してきたものと考えます．したがって，新人，若手，中堅，ベテランにかかわらず，そういう意識を再確認し，全体で共有しながら進めていく必要があるのではないかと思います．

最後にひとつだけご紹介したいのですが，当番弁護士10周年の記念の「あゆみ」をつくったときに，その座談会で，当番弁護士第一号として出動された，亡くなられた徳永賢一弁護士が発言されている部分があるので，ここだけを引用させていただきます．

当番弁護士と若手の関係についてですが，「これまでは当番弁護士制度を情熱で育ててきました．イギリスに行くときにも何度も研修会を開いて準備しました．その情熱が当番弁護士制度を生み出し育ててきました．いまの若い人たちはその情熱を知らないし，また無理にそれを知らせる必要もありません．10年かけて育ててきた当番弁護士という木に，接ぎ木をするのは今後の若い先生方です．どのような枝をどのような方向に接ぎ木し，花を咲かせるかは若い先生方の考えにかかっています．先輩弁護士はそれを見守り，若い人が負担を感じないようにするには，先輩がどうしたら良いかを考え援助していくべきであると思います」と語っておられます．

もし，徳永弁護士が15年後のいま，ご存命であれば，いまの我々に対して同じようなことをおっしゃったのではないかと思います．当番弁護士制度は常に現在進行形であって，老いも若きも中堅も，全員でこれを担い，進化させていくべき崇高な制度であるという意識を持っています．このシンポジウムは，被疑者国選が始まって以降のことしか知らない若手の方々が増えているというのが開催の理由のひとつになっていますが，私自身は，そういうことだけが問題ではなく，福岡の弁護士はどうあるべきかを，いま一度考えるきっかけにしたいと強く思っているところです．

高平 美奈川さんお願いします．

美奈川 私は刑事弁護をルーティンにやれ，しかしルーティンに流すなということを希望したい．これは被疑者弁護人制度を拡充して，もうしばらくすると，少なくとも人数の面，それから守備範囲も逮捕段階からできるようになれば，一応体制的に，外形的には被疑者国選弁護が整ってきたことになる．しかしそのことと，被疑者弁護の質が上がってくることは別のことなので，

どんな手続もやれるようになる．あるいはどんな手続が被疑者弁護であるのか，例えば勾留をしないように申し入れをする，あるいは勾留決定があれば準抗告をする．勾留取消し請求をする場合もあると，方策はきちんと覚えてほしいし，いつでもできるという意味でルーティンにやってほしい．しかし，では，毎回フルコースをやればいいのかというと，そうではないでしょう，ということです．この事件で，他の事件とどこが違うのかを常に意識に置いて有効な，できれば，勾留取消し，勾留されない，準抗告で全部認容されたり，取消し決定を得たり，ということにつなげることを常に意識しながら，その意味でルーティンに流すなと，若手の方には言いたい．

高平 最後に村岡さんお願いします．

村岡 私は，10年間一橋大学法科大学院で，皆さんよりもずっと若い，法律家の卵であるロースクール生に法曹倫理を教えてきました．その中でも，刑事弁護人の役割を重視してきました．

　いま，イノセンスプロジェクト[*20]が脚光を浴びていますが，刑事弁護の中心は無実の人間を弁護することではない．被告人の圧倒的多数，いやほとんど全員が有罪の悪人というのが実態です．だから，イノセンスプロジェクトになぞらえていうならば，弁護人はギルティプロジェクトを担っているわけです．社会から見ると，「なんで『あんな奴ら』の弁護ができるんだ」という疑問の対象者になります．実はこの2月5日，一橋大で刑事弁護人の役割に関するシンポジウムを開きました．ゲストにお呼びしたのは，20世紀を代表するアメリカの法律家の一人である，マイケル・タイガー教授とドイツの著名な学者であるヴェルナー・ボイルケ教授でした．アメリカでは，弁護人は依頼者の代理人という考え方が強く，依頼者の利益を最大化しようとします．一方ドイツでは，独立の司法機関であるという性格が強く，依頼者とは距離を置いた弁護が求められます．その違いを理解したうえで，「なんで『あんな奴ら』を弁護できるのか」という質問にどう答えるのか，という企画でした．

　みなさんも，納得できるのは，「被告人とは明日の我が身だ．いま，この犯罪者と思われている人たちの権利を守ることが，実は私たちの社会におけ

---

*19　勾留の理由又は必要がなくなった場合に被疑者・被告人側から裁判所に対し勾留を取消し身体拘束を解くよう請求する手続（刑訴法87条1項）．

*20　米国で始まった捜査機関や司法以外の人々が科学的手法を用いるなどして行う冤罪救済のためのプロジェクト．

る権利を擁護することに他ならないのだ」という見解でしょうか．これは大変理想的な表現ですが，本音をいうと，「だれかがやらなければならない汚れ仕事だからやるんだ」という意見もあるでしょうし，その反対に，「いやいやこれは，高貴な仕事だ，我々弁護人に与えられた特権そのものなのだ，それを我々は誇りに思うべきだ」という考え方もあります．さらには，「犯罪者は社会的な犠牲者なんだ．だからその弁護の費用を国家が負担して，適正な裁判を実現するというのは，当然我々がなすべき職務なのだ」という見解もあります．おそらく，刑事弁護を担当している弁護士それぞれが自分なりに納得する回答を持っていると思います．これが唯一の正解というものはなく，いずれもが正しい．

　シンポジウムにおいて，アメリカとドイツの弁護人像をめぐる議論を経て到達したのは，弁護人は多面的な存在であるということでした．依頼者と司法制度との間だけではなく，被害者に対する面でもバランスをとらなければならない．弁護人は多面的な存在である，私は阿修羅と表現したのですが，阿修羅と同じように，さまざまな顔をもったのが弁護人だろう．そこは，シンポジウムに参加したみなさんが同意されました．

　しかし，私はもう一つ付け加えたいと思います．それは，弁護人は阿修羅の3つの顔を持っていても構わないけれど，阿修羅自身はやはり国家の宿敵でなければいけない，国家の補完勢力になってはいけないということです．弁護士が伝統的に「在野性」にこだわってきたことの意味は，国家の宿敵であるということで，国家機関そのものになってはいけないということを含意していると思うのです．私は，そういったことを法曹倫理の中で弁護士の卵たちに伝え，「なんで『あんな奴ら』の弁護をしなければならないんだ」という問いにどう答えるか，君たちが納得がいく回答を考えていただきたいと言ってきました．

　皆さん方にも，同じメッセージを送ります．皆さん方がこれから直面する刑事弁護，とりわけ起訴前弁護の世界は，相当に困難な世界だろうと思います．どうか，自分のステータスというか立場をはっきりと認識したうえで，阿修羅であり続けていただきたいと思います．

（了）

●第1部／当番弁護士制度の誕生とその成果

8 当番弁護士制度と市民の会に関する一考察

久保親志
当番弁護士を支援する市民の会・福岡元代表

1．はじめに

　福岡県弁護士会が1990（平成2）年12月1日に自主的に創設した「当番弁護士制度」は，全国の弁護士会の協力によって1992年から全国的に実施されました．逮捕勾留により身柄が拘束された被疑者が，弁護士会に対し，弁護士の接見を申し入れ，当番弁護名簿に登録された弁護士が，被疑者と接見し，依頼があれば私選弁護として受任する制度です（初回は無料）．
　私は，「電話一本で駆けつけます　当番弁護士スタート　さっそく相談舞い込む」との，
　1990年12月1日付けの朝日新聞夕刊の見出しをまざまざと思いだします．私が初めて，この「当番弁護士」という当時耳慣れない言葉に出会ったのは，この記事を見る3日前の11月29日に福岡県弁護士会館で開催された「当番弁護士制度発足記念集会」でした．大出良知氏（当時・静岡大学教授．現・九州大学名誉教授）の歯切れの良い記念講演が印象的でした．その中で，大出教授は「刑事事件の被告人だけではなく，被疑者段階からの弁護人依頼権の保障は刑事手続上の重要課題であり，違法，不当な取り調べを阻止して冤罪を防ぐために不可欠である」と，憲法や刑事訴訟法の条文を根拠に論理を展開されました．「福岡県弁護士会の当番弁護士制度のスタートこそ適正手続の要請に応えるものであり，この試みによって，被疑者のための弁護制度は歴史的転換点を迎えた」．そして，「既に賽は投げられた」「錦の御旗は我にあり」との，大出教授の言葉は会場内の弁護士や学者そして市民の人達をどれだけ

勇気づけたことでしょう．この様な，当番弁護士制度発足という歴史的改革の瞬間を，一般市民の私が法律の専門家といわれる人たちと共有できたことは大変に意義深いことでした．

2．当番弁護士を支援する市民の会・福岡の活動

　1993年7月に，椎名誠，竹下景子両氏などの呼びかけで，当番弁護士制度を財政的に支援し，制度の拡充をアピールする「ガンバレ当番弁護士キャンペーン」とともに「当番弁護士を支援する市民の会・全国」が発足しました．これを受け，法制化に向けて，1994年1月に市民への啓発活動隊として「当番弁護士を支援する市民の会・福岡」が発足しました．当初，集まったのは，市民，学者，学生，弁護士などの11名でした．その後，会員が増え続け，最多会員数は250名となりました．

　発足以来，当番弁護士を市民のスタンスで様々な側面で支援をすることの一点で活動してきました．それは，電話一本で逮捕勾留先に弁護士が駆けつけ，違法，不当な取調べから被疑者を守り，自白の強要と冤罪を防ぎ，充実した弁護活動を目指す取組みを，一般の人たちに知らせる市民活動でした．同時に，「弁護士は敷居が高い」というイメージを変えるものでもありました．

　一般の人は，警察官に逮捕された直後は，どのように対応したら良いかわからなくなり，慣れない環境で混乱状態に陥ることもありがちです．そのような不安定な状態では十分な防御活動もできません．逮捕後，勾留前の最長72時間は，たとえ家族であっても面会できません．しかし，この期間に今後の流れや対処方法について正しく理解しておくことが，被疑者にとって将来の不利益を防ぐために非常に重要なのです．逮捕直後であっても，弁護士であれば被疑者と接見することができますし，警察官の立会いなしに自由に会話することができるのです．そこで，逮捕されたときには，まずは当番弁護士を呼ぶことが必要なのです．この必要性を，東京を始め全国11の都市に立ち上がった「市民の会」の皆さんとともに伝えていきました．

　この間，市民の会・福岡は，弁護士会が創設した当番弁護士制度を，市民のそれぞれの立場で支援する活動に取り組みました．私たちがやれることには限度がありますが，積極的にやれることからやりました．

　1994年6月に第1回市民の会総会で，「当番弁護士制度支援アピール」を採択しました．当該「アピール文」について概略を説明します．はじめに，

当番弁護士最多賞で受賞者に贈呈した「当番弁護士博多人形」(作・西頭哲也氏)

憲法31条と34条で定めている,「法定手続の保障」と「弁護人依頼権」を冒頭に示しました.次に,1988年12月に国際連合で採択された「国連被拘禁者人権原則」で,拘禁された者が,無資力の場合は,無料で弁護人を選任してもらう権利を有するということが定められ,これが,世界の潮流となった現実を訴えました.その人権原則が,日本の刑事司法制度の現状と大きな乖離があることを示しました.

そこで,新しく始まった当番弁護士制度の必要性と協力要請を市民の立場で,警察官をはじめ,検察庁,裁判所や司法に係わる方々に呼びかけ,そのアピール文を,関連の諸機関やマスコミに送付しました.

また,「ガンバレ当番弁護士」のロゴ入りスタッフジャンパーを着て,西鉄天神駅前で「当番弁護士制度発足記念集会」のビラを配ったり,地域公民館での司法や人権擁護に関する講演活動を行ったりしました.記念集会で司法問題を取り上げた「市民参加の寸劇」を行ったりすることが定番でした.

さらに,当番弁護士最多賞を創設し,受賞に渡す「当番弁護士博多人形」(作・西頭哲也氏)を制作しました.高さ18センチで,携帯電話を耳に当て,書類袋を左に抱え,被疑者のもとに駆けつけるポーズ.左襟の金バッジがキラリと光り,まさに当番弁護士のシンボルになる人形でした.この人形は,当番弁護士のPRとカンパのため,一般にも販売しました.

それからも,刑事司法を題材にした市民公開セミナーの開催,ホームペー

「博多どんたく」に参加した「当番弁護士を支援する市民の会・福岡どんたく隊」(1995年5月3日)

ジの作成，資金作りのバザーなどを行いました．そして極めつけは，毎年5月3日と5月4日に開催される福岡市民の祭りである「博多どんたく港まつり」に参加したことです．「当番弁護士を支援する市民の会・福岡」の横断幕を先頭に，弁護士会有志，市民の会，そして子供たちが法被を着て，しゃもじを打ち鳴らし，山車を連ねて明治通りをパレードしました．こうやって，博多っ子にしっかりと当番弁護士をアピールしたのです．

このような活動を通して，弁護士会と市民の会が，車の両輪となって当番弁護士制度を社会の隅々に浸透させていったのです．

その後，「司法制度改革」の流れを受けて，「総合法律支援法」に基づき「日本司法支援センター」の設立，「裁判員制度」の施行と日本の刑事司法は変遷していきました．2004年7月の第11回市民の会総会をもって，11年にわたる「当番弁護士を支援する市民の会・福岡」の活動を終え，解散しました．

しかし，私たち市民としての啓発活動はまだ終わらないのです．被疑者・被告人・少年・障害者の権利を擁護し，実現するための当番弁護活動の続く限り．

3．被告人国選弁護から被疑者国選弁護への拡大

2006年以前は，国選弁護は，起訴された被告人についてのみを対象として

いました．しかし，前述のごとく，起訴前の捜査で事件が固められることを考えると，弁護人依頼権は，被疑者段階までさかのぼって保障することが，弁護権の実効性をはかる上で重要であるのです．

刑事訴訟法改正により，2006年10月から，まず殺人・放火などの重大事件に「被疑者国選弁護制度」が導入され，さらに2009年5月から，窃盗，傷害などに対象事件が拡大されました．2016年には，大幅な改正がなされ，現在は，勾留全事件にまで対象が拡大されました．被疑者国選弁護制度の拡大とともに当番弁護士の必要性と出動件数の増加が見込まれると思います．

4．市民の会の活動を通じて学んだこと

私は，11年間に及ぶ当番弁護士支援の活動や，市民の会の例会を通じて多くのことを学びました．当時，裁判のもつ閉鎖性に加え，刑事事件への心理的拒否感が市民側にあり，世論の関与も薄いものでした．そんな中で，被疑者・被告人の権利擁護に繋がる刑事司法のことを学びたいとの思いを強く持ちました．

大出良知教授には「刑事弁護の基礎理論」を，美奈川成章弁護士と上田國廣弁護士の両氏には「弁護の実践」を教えていただきました．私たち市民の一人ひとりが，統治客体意識から脱却して，自分が社会的責任を負った統治主体，権利主体であるとの意識を持って自ら行動すべきであること，「有罪率99.9パーセント」の精密司法といわれる日本の刑事裁判のこと，さらには，「十人の真犯人を逃すとも，一人の無辜（むこ）を罰するなかれ」という刑事裁判における鉄則を学びました．

また，刑事司法は，憲法31条を基礎として，刑事手続法である「刑事訴訟法」の第1条にある「この法律は，刑事事件につき，公共の福祉の維持と個人の基本的人権の保障とを全うしつつ，事案の真相を明らかにし，刑罰法令を適正且つ迅速に適用実現することを目的とする」との条文に則ったものでなければならないと教えられました．

5．おわりに

おわりに，私が心にかけていることを記します．罪に問われた障がいのある人の支援について若手の弁護士さん達に力を注いで欲しいのです．

「精神保健当番弁護士制度」発足25周年記念公開シンポジウムも2016年2月に行われました．現在，福岡県弁護士会の「試行プログラム」で，地域生活定着支援センターや社会福祉士，自治体との連携が始まっていますが，あまり，障がいのある人たちに周知されていません．これらの連携をさらに強化し，障がいのある人の人権を適切に擁護する体制をとり，啓発していく必要があります．大阪で始まった，司法と福祉の連携について見てみますと，障がいのある人が刑務所等の矯正施設から出所した後を支援する「出口支援」だけではなく，矯正施設に入らない支援をする，いわゆる「入口支援」の重要性と必要性が認識されるようになっています．現在，この「大阪モデル」を参考としていく必要性が問われていると思います．

　当番弁護士制度発足27周年を迎える本（2017）年，当番弁護士と当番弁護士を支援する市民の会・福岡のあゆみを，思い起こすことができ，本当に感謝しております．まだまだ，思いは尽きませんが，このあたりでペンを置くこととします．

（くぼ・ちかし）

第2部
被疑者弁護の現状と課題

● 第2部／被疑者弁護の現状と課題

1 被疑者弁護の充実化とその課題
2016年刑事訴訟法改正を契機として

岡田悦典
南山大学法学部教授

1．はじめに

　被疑者弁護の充実化の声が高まり，当番弁護士制度の発足からおおよそ30年弱ほどの年月が経過した．被疑者国選弁護制度が創設されて以降，いよいよ，2016年の刑事訴訟法改正によって，部分的ではあるが，被疑者取調べにおける録音・録画制度が導入され，さらに全ての勾留事件を対象に国選弁護制度が拡充した．これらのことは，被疑者弁護の充実を果たす上で，歴史的に極めて大きな出来事であったと思われる．またこの間，刑事弁護を担う弁護士層も拡大し，刑事弁護離れが叫ばれていたかつての時代と比較すると，隔世の感がある．したがって1990年代における被疑者弁護の抱える課題と現在の被疑者弁護の抱える課題とは，必ずしも一致するものとは言えない部分も多いであろう．

　一方，被疑者弁護の抱える課題として，本質的かつ継続的課題も，なお残されているように思われる．特に，身柄拘束された被疑者の弁護における困難な状況や，現在の捜査手続の構造が大きく変化していない現状を鑑みると，この視点は，今後の展望を見据える上で欠かせないであろう．そこで本稿は，被疑者弁護の課題がこの両側面にあるものとの問題意識のもと，その現状分析と予想される課題について論じてみたい．まず最初に，①被疑者弁護の理論的枠組みについて考察し，全勾留事件に被疑者国選弁護制度が拡充したことから生じる今後の影響について考察する．そして次に，②逮捕・勾留に関する最近の状況変化が被疑者弁護に与える影響と，今後の課題について，考察することとしたい．

2．被疑者弁護を巡る理論と制度の現在地

(1) 有効な弁護を受ける権利の本質

　まず前提として，刑事訴訟における弁護人の役割とその充実を，私たちはいかなる角度から検討すべきなのか，考えてみたい．論者によってその角度が異なることから，内容によっては，散発的に論じられることは否めないであろう．筆者は，これまで，刑事弁護制度の仕組みや，有効な弁護を受ける権利の内実と不十分弁護の抗弁について，検討を試みてきたことがある[*1]．こうした取り組みは弁護の充実化を図る上では，もちろん，一面を論じているに過ぎないところが多分にある．ただし，弁護権というテーマを，英米法などの比較法をも踏まえた上で検討してきた限りでは，概念的には，弁護の充実を目的とした理論的，制度論的取り組みは，下記の図のごとくなるであろう．

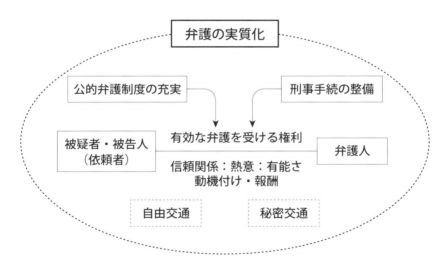

　こうしてみると，弁護の充実化には，多面的な検証が不可欠である．まず，もともと被疑者・被告人には弁護人依頼権が保障されている（憲法34条，憲法37条3項）．この権利は実質的な権利，すなわち「有効な弁護を受ける権利」

---

*1　岡田悦典『被疑者弁護権の研究』（日本評論社，2001年）参照．

として解釈される．ゆえに，弁護人は，被疑者・被告人の利益を代弁・防御するために，実質的な役割を果たす必要がある．こうした関係においては，まず，被疑者・被告人と弁護人との関係性が極めて重要となる．少なくとも，信頼関係，特に主観的な信頼関係が保持されなければならず，そのためには，常に自由かつ秘密の交通が両者の間になくてはならない．特に，秘密性は重要な要素である．なぜなら，被疑者・被告人の話したことが，本人の知らないまま第三者，特に捜査機関に漏れるようなことがあるとすれば，本人は弁護人に話すことをしなくなるであろう．我が国では黙秘権が保障されているものの，秘密性を侵害されるようなことが起これば，黙秘権が保障されなかったことと等しい事態である．

このような，被疑者・被告人の「有効な弁護を受ける権利」が刑事手続では権利上保障されているにも関わらず，我が国では，捜査段階から公判段階に至るまで，現実的には徐々に弁護権保障が拡充され，今日に至ってきたという歴史がある．各論点は権利を拡充していくという論理に繋がるかどうかという側面から，多面的に論じられてきた．

例えば，その一つとして，弁護人の内面の問題がある．これは，刑事弁護への熱意がないといった事実上の問題から，報酬の低廉さといった制度上の問題にも繋がる．しかし，比較法的にも，そして歴史的にも，最も議論を引き起こしてきたのが，弁護人の真実義務・誠実義務に関する問題である．被疑者・被告人の意思とは乖離した形で，弁護人には公的使命から真実義務があるとする旧来の考え方は，本来の重要な要素である両者間の秘密性へのアンチテーゼである．したがって，公平かつ対等な適正手続の保障のためには，少なからず克服される運命にあったものである[*2]．あるいは，なぜ，弁護人は当該被疑者・被告人を弁護しなければならないのか，その動機付けを解明することも重要である．これまで，多くの論者がこの問いかけに回答を試みてきたのである[*3]．

[*2] ドイツの理論を研究し，最新の議論を展開するものとして，辻本典央『刑事弁護の理論』（成文堂，2017年）47－80頁参照．また，誠実義務論を展開するものとして，佐藤博史『刑事弁護の技術と倫理－刑事弁護の心・技・体』（有斐閣，2007年）22－23頁の他，近年の議論として，村岡啓一「被疑者・被告人と弁護人の関係①」季刊刑事弁護22号（2000年）25頁，上田國廣「被疑者・被告人と弁護人との関係②」季刊刑事弁護22号（2000年）35頁参照．

[*3] 議論を俯瞰できるものとして，後藤昭他編『実務体系・現代の刑事弁護1・弁護人の役割』（第一法規，2013年）3－12頁［後藤昭］参照．

こうした問題は，公的弁護制度の充実と切っても切れない関係にある．我が国の場合には，もともと被疑者段階に公的弁護制度が存在しなかったことから，まずその制度を創設することに多大な労力を費やしてきた．逮捕段階に同様の制度がないという現状は，いまだ課題として残されているものの，問題はそれだけではない．すなわち，より充実した有効な弁護を実現するための制度的枠組みについても，議論を進展させていかなければならない．

　また，我が国の重要課題が，接見交通と逮捕・勾留に関わる刑事手続上の問題であった．前述したように，接見交通権は自由かつ秘密に行われることが保障されている．もっとも，これまでの我が国の議論では，接見指定の是非，要件について，捜査全般の必要から広範に接見指定を認めようとする説が主張され，それを克服し，指定を限定する方向で，要件を解釈していくという歴史があった．もちろんその議論は，守られるべき利益としての捜査の利益と被疑者の権利との対抗関係から至るものではある．しかし，その到達点である理論枠組みは，すでに20年ほど前に確立したものである．被疑者国選弁護制度の創設とその後の劇的な環境変化によって，その枠組みが現状に適応するのかという問題も，現在，問われつつあるように思われる．

(2)　被疑者国選弁護制度の全勾留事件への拡大とその意義

　ところで被疑者弁護の充実は，1990年代に，すでに我が国の刑事訴訟制度の重要課題であると指摘されて[*4]，今日に至ってきた．我が国の刑事手続の比重が捜査にあり，自白追及の温床が捜査手続，中でも被疑者取調べにあるという批判などから，被疑者弁護の充実が弁護士会を挙げて取り組まれたのである．そしてこの運動は，1990年代の各地の弁護士会における当番弁護士制度の発足と，2004年刑事訴訟法改正に伴う被疑者国選弁護制度の導入へと繋がっていった[*5]．さらに，被疑者国選弁護制度の対象範囲は段階的に拡充され，2016年刑事訴訟法改正により，勾留状を発せられている被疑者すべてに，被疑者国選弁護制度の対象事件が拡大されることとなった．

　統計によると，被疑者国選弁護人が選任された数は既済人員においては，地方裁判所において2016年には23,496人，簡易裁判所においては42,294人で

---

*4　村井敏邦編『現代刑事訴訟法』（三省堂，1990年）18頁［村井敏邦］．
*5　この時点における，刑事弁護制度の課題を検討するものとして，岡田悦典「総合法律支援法・国選弁護人契約弁護士・スタッフ弁護士」リーガルエイド研究10号（2003年）77頁以下参照．

ある.また,通常第一審における国選弁護人が選任された人員は,2016年には,地方裁判所において,44,529人(83.6％),簡易裁判所において,4,806人(82.1％)である.[*6] 地方裁判所において,被疑者段階から弁護人の付いた割合は,2012年から2016年の5年間で,おおよそ67％から69％である.そのうち国選弁護人が付いた割合は,53％から56％のあたりで推移している.[*7] 2016年に地方裁判所に起訴された事件については,99.6％(53,010人)に弁護人が選任されたという.[*8] したがって,数字から推測するだけではあるが,地方裁判所に起訴された事件のうち,おおよそ3～4割程度には,弁護人が選任されていないことになる.しかしそれでも,以前の状況とは大きく異なるであろう.[*9]

こうした状況のもと,2016年刑事訴訟法改正によって,その37条の2が改正された.その理由としては,「弁護士会や日本司法支援センター(法テラス)において,いわゆる司法過疎地域の解消に向けた取組や,弁護士が少ない地域において被疑者国選弁護人の選任が必要となった場合における態勢整備等が進められてきた結果,被疑者国選弁護制度の対象事件の範囲を拡大しても,被疑者に対する国選弁護人の選任態勢を確保することが十分可能な状況に至った」からであり,また,「証拠の収集方法の適正化に資するものであるとともに,弁護人による早期の争点把握を可能にするなどして公判審理の充実化にも資するものである」,[*10] と説明されている.

総じて,裁判員制度と公判前整理手続の創設により,刑事実務における事前準備の重要性が益々高まり,弁護活動の比重が公判前段階に掛かるようになったことへの認識があるのであろう.[*11] そして,そのことが被疑者弁護の

---

*6 「平成28年における刑事事件の概況(上)」法曹時報70巻2号(2018年)128－131頁.
*7 日本弁護士連合会『弁護士白書・2017年度版』(2017年)74頁.
*8 日本弁護士連合会・前掲注7,74頁.
*9 かつて,1990年代初頭に,当番弁護士制度が発足した頃には,6割程度の被告人に国選弁護人が選任されている事実を踏まえ,被疑者段階には大半の被疑者に弁護人による援助がないことが大きな問題であった.
*10 保坂和人・吉田雅之「刑事訴訟法等の一部を改正する法律(平成28年法律第54号)について(4)」法曹時報70巻2号(2018年)38頁.
*11 例えば,中谷雄二郎「捜査段階における弁護活動・裁判の立場から－コメント2」三井ほか編『刑事手続の新展開(上)』(成文堂,2017年)518－20頁.同論文は,「公判前整理手続の導入により,捜査段階における弁護活動の重要性が改めて顕在化」したとし(518頁),「初動捜査と同様,捜査段階の弁護活動は重要である」(519頁)と指摘するとともに,「弁護人は,適切な弁護方針を立てるために,被疑者側から見た事件像をできるだけ早期に把握することが求められる」(519頁)ことの結果,公判前整理手続の早期終結,充実・迅速な

充実化の要請として，認識されるようになったと考えられる．そこで，このような被疑者弁護の手続上の相対的地位の向上とともに，制度的保障によって，少なくとも勾留段階で全ての勾留事件に，弁護人が付くことが当たり前と見られる時代になったと，言うことができる．

(3) 我が国の接見交通権の地位

一方，周知の通り，我が国の刑事訴訟法39条1項では，被疑者・被告人は弁護人と接見する権利（接見交通権）を保障している．しかし，同3項で，被疑者に対しては「捜査のため必要があるとき」には，弁護人との接見を指定することができる．この指定要件をめぐって，いわゆる捜査全般を理由に指定できるとする広義説があった．しかし最高裁は，1978年に，「捜査機関は，弁護人等から被疑者との接見の申出があつたときは，原則として何時でも接見の機会を与えなければならないのであり，現に被疑者を取調中であるとか，実況見分，検証等に立ち会わせる必要がある等捜査の中断による支障が顕著な場合には，弁護人等と協議してできる限り速やかな接見のための日時等を指定し，被疑者が防禦のため弁護人等と打ち合せることのできるような措置をとるべきである」[*12]として，物理的に限定する説を採用した．

その後1989年に最高裁は，この実質的要件に「間近い時に右取調べ等をする確実な予定があって，弁護人等の必要とする接見等を認めたのでは，右取調べ等が予定どおり開始できなくなるおそれがある場合も含む」[*13]と解釈し，自由な接見交通という方向性とは逆の判断を行った．しかしその後，最高裁は2000年に，「とりわけ，弁護人を選任することができる者の依頼により弁護人となろうとする者と被疑者との逮捕直後の初回の接見は，身体を拘束された被疑者にとっては，弁護人の選任を目的とし，かつ，今後捜査機関の取調べを受けるに当たっての助言を得るための最初の機会であって，直ちに弁護人に依頼する権利を与えられなければ抑留又は拘禁されないとする憲法上の保障の出発点を成すものであるから，これを速やかに行うことが被疑者の防御の準備のために特に重要である」[*14]として，初回接見の重要性を指摘し，今日に至っている．

　　　公判審理が可能にさせていると指摘する．
＊12　最判昭和53・7・10民集32・5・820
＊13　最判平成3・5・10判例時報1390・21，最判平成3・5・31判例時報1390・33参照
＊14　最判平成12・6・13民集54・5・1635．

さらに，最高裁は1999年に，大法廷判決で刑訴法39条3項の接見指定制度を合憲としつつ，接見交通権を憲法上の弁護人依頼権に由来するものと位置づけ，接見指定制度の合憲判断にあたってその根拠を捜査機関との「合理的調整論」に立つものとした．すなわち，「憲法は，刑罰権の発動ないし刑罰権発動のための捜査権の行使が国家の権能であることを当然の前提とするものであるから，被疑者と弁護人等との接見交通権が憲法の保障に由来するからといって，これが刑罰権ないし捜査権に絶対的に優先するような性質のものということはできない．そして，捜査権を行使するためには，身体を拘束して被疑者を取り調べる必要が生ずることもあるが，憲法はこのような取調べを否定するものではないから，接見交通権の行使と捜査権の行使との間に合理的な調整を図らなければならない」[15]としたのである．この法理の特徴は，このように，接見指定制度について制限的な解釈をしてその範囲を明確化させつつ，いわゆる捜査権との合理的調整によって検討すべきことを明言したところにある．

　もっとも接見交通権には，被疑者において指定という制約があるものの，それを禁止することはできない．一方で我が国では，一般接見において，接見禁止措置が採られることがある（刑訴法81条）．『弁護士白書（2017年度版）』によると，最も多い時期である2003年から2005年の間に，接見禁止決定数が5万件を超え，その後やや沈静化したものの，おおむね，ここ10年余りはほぼ35,000～40,000件の数で推移している（2016年には37,889件であった）[16]．また，接見禁止決定率（捜査段階から公判までの合算した数のうち，勾留請求許可人員数に占める接見禁止決定数の割合）は，2016年には37.1％であった[17]．接見禁止決定率は，ここ10年余りはほぼ30％台で推移している．このように接見禁止は，我が国の場合にはかなりの数に上ると評価することが可能な実態がある．こうした事態は，現実には，被疑者と弁護人との接見交通に大きな比重を掛けることに繋がる．いわゆる家族と連絡が取れない被疑者が，弁護人に伝言などの何らかの仲介を頼むことも十分にあり得ることは想像に難くない．一般接見禁止の運用については，学説において批判されているが[18]，また別の視

---

*15　最大判平成11・3・24民集53・3・24．
*16　日本弁護士連合会・前掲注7，76頁．
*17　日本弁護士連合会・前掲注7，76頁．
*18　例えば，久岡康成「法律の留保原則・比例原則と接見禁止―EU 指令2013/48/EU を参考に―」立命館法学363＝364号（2015年）599頁以下参照．

点から考えると，弁護人に重大な倫理上の問題を投げかける契機となっている．このことは，このように我が国の刑事訴訟法の構造から生じていると言ってもよい．

このような我が国の接見交通権をめぐる構造がある中で，近時では，これら枠組みにおける被疑者と弁護人との接見交通については決着を見て，「接見指定をめぐる争いは沈静化し，接見指定の処分に対する準抗告が申し立てられることもほとんどなくなった」[19]と指摘されるほどである．以前には，かなりの割合の事件に接見指定がなされていたが，1990年代にはその数が減り始め，2018年現在から20年ほど前には，接見指定される事案が年間35件ほどであることが指摘されていたくらいである[20]．このような状況を鑑みると，あくまでも希望的な展望を思い切って述べるとすれば，現在，前述の最高裁の判例解釈を議論していく実質的価値が薄まったと言えるのかもしれない．したがって，被疑者弁護の充実化という視点からすれば，今後はこの判例法理があるものの，接見指定がほとんど行われず，また行われたとしても判例法理による物理的制限説を超えた柔軟な運用と対応が捜査機関と弁護人との間でなされるようになればよいと断ずることもできないわけではないであろう．すなわち，事実上の自由な接見の制度を期待することも，あり得る状況に至っていると言えなくもない．

ただし，これらの最高裁判例の法理は，確かに，接見指定制度の運用に当たっての，捜査機関側の配慮を要求し，より接見交通権の実現に資する方向での一連の指摘，方針であったという側面もある[21]．特に，1999年最高裁判決が，接見交通権の根拠を憲法34条によって根拠づけた点，弁護人の援助を受ける権利を「弁護人に相談し，その助言を受けるなど弁護人から援助を受ける機会を持つことを実質的に保障しているもの」と位置付けた点は意義深

---

*19　中島経太「接見交通・裁判の立場から－コメント」三井誠ほか編『刑事手続の新展開（上）』（成文堂，2017年）551頁．

*20　大野重國「被疑者と弁護人等との接見交通権の制限を定めた刑訴法39条3項の合憲性―最高裁平成11年3月24日大法廷判決（裁判所時報1240号1頁）の意義」警察学論集52巻6号（1999年）41頁は，平成10年に法務省の調査によって，接見指定の通知をした被疑者が35名であり，勾留人員に対する割合は約0.34％にすぎない，とかつて指摘していたところである．

*21　後藤昭他編『実務体系・現代の刑事弁護1・弁護人の役割』（第一法規，2013年）406頁［田淵浩二］は，1999年最高裁判決が示した「刑訴法39条1項の接見交通権の調整規定の合憲性の審査枠組みは，実際の調整規定の限定解釈や制限措置をとる場合の配慮義務を引き出す方向に作用した」と指摘する．

く，被疑者弁護にとって有益な理論的根拠と言える．ただし，被疑者弁護が普通に行われ，また，公判準備のための被疑者弁護の意義が高まっている時代にあって，1999年最高裁判決の論理も，時代の要請に適合しない部分が生じてきているのではないか，という疑問も生じるところである．

例えば，最高裁の判例枠組みは，合理的調整として接見指定制度を維持させ，結果として，接見指定制度の運用に様々な準則なるものを生成させ，現在に至っている．その内容は一般の市民からすれば，必ずしも明瞭とは言えないばかりか，益々複雑となる様相を呈し，法解釈が介入する余地を多分に残すこととなっている．すなわち，①接見指定をする場合の検察官の対応についてである．判例法理によると，接見指定する場合には，検察官は抽象的に接見を指定するのは違法であり，「弁護人等と協議してできる限り速やかな接見のための日時等を指定し，被疑者が防禦のため弁護人等と打ち合せることのできるような措置をとるべきである」[22]とする．その場合には，②その内容にも規制がかかり，「弁護人等ができるだけ速やかに接見等を開始することができ，かつ，その目的に応じた合理的な範囲内の時間を確保することができるように配慮すべきで」「改めて接見等の日時等を指定してこれを弁護人等に告知する義務がある」とし，その告知方法についても，口頭，書面による方式を問わない[23]．しかも，③弁護人の申出がある場合に権限ある捜査官ではないため判断できないときには，指示を受ける手続があるまで，「合理的な範囲内にとどまる限り」で弁護人は待機することがあり得る，とする[24]．

さらに，初回接見の重要性を判例は謳うものの，その位置づけはなお不明瞭である．判例は，接見指定の要件が具備された場合でも，「弁護人となろうとする者と協議して，即時又は近接した時点での接見を認めても接見の時間を指定すれば捜査に顕著な支障が生じるのを避けることが可能かどうかを検討し，これが可能なときは」，「留置施設の管理運営上支障があるなど特段の事情」がない限りにおいては「たとい比較的短時間であっても」接見を認めるべきであって，接見指定は，被疑者が防御の準備をする権利を不当に制限するものであるとする[25]．このようは判旨については，「捜査に顕著な支障」

---

[22] 最判昭和53・7・10民集32・5・820．
[23] 最判平成3・5・10判例時報1390・21．
[24] 最判平成3・5・31判例時報1390・33．
[25] 最判平成12・6・13民集54・5・1635．

があるかどうか，留置施設管理運営上「特段の事情」があるかどうかによって，接見指定が違法となる場合もあり得ることを示唆している[*26]．したがって，接見指定の要件が具備されたとしても，初回接見を認める場合があり得ることを少なくとも示していることになるが，その保障は事案によって判断されることとなる．

　以上のように，刑事訴訟法39条の接見交通権は，市民の重要な憲法上の権利の具体化であり，現行刑事訴訟法の立法過程の成果でありながら，法曹関係者の間で通用している難解なルールの上に成り立っていると称しても，言い過ぎではないのではないか．すなわち，裁判員制度を創設し，捜査手続に少なからず市民の目が向く時代となり，すべての勾留事件で被疑者に国選弁護制度が保障される今日の手続において，この判例法の枠組みが，等しく妥当するのか，真剣に問うべき時期が到来しているように思われるところである．

　また，これまでの弁護理論の中では，接見指定の問題の中で，憲法34条と憲法37条3項の弁護人の援助を受ける権利を区別して論じ，接見指定の要件の解釈にあたって，捜査段階の被疑者弁護の意義を公判段階の弁護とは別物として，理論的に論じられることもあった．しかし現状では，少なくとも勾留段階に弁護人が付くことが当たり前の時代となった．そして被疑者弁護において，公判準備のための弁護活動の意義も高まってきたのである．そうすると，1999年最高裁判決の枠組みが憲法34条のみを掲げているが，被疑者弁護を根拠付けるものとして，それだけで十分に対応できるのかという疑問も生じるであろう．

3．我が国の被疑者弁護の課題と展望

(1) 逮捕段階における被疑者国選弁護制度の保障

　全ての勾留事件に被疑者国選弁護制度が対象となるということになるから，勾留段階においては弁護人が付いて，少なからず弁護人による助言を被疑者に提供することが普通の光景となる．結果として，それ以前の警察捜査段階

[*26]　そこで，古江賴隆『事例演習刑事訴訟法』164－165頁（有斐閣，第2版，2015年）は，この解釈論として，初回接見の同判決の基準を，刑事訴訟法39条3項但書の解釈を示しているものとし，判例は，①申出に係る接見の重要度，②短時間の接見のための時間の捻出性，③捜査への支障度を考察して，結論を導くものであると指摘している．

における捜査実務に与える影響は，少なからず生じるものと考えられる．当番弁護士受任件数は，例えば2016年には，25,382件（受付件数51,370件）と，年を追って拡充しており，[*27] 勾留請求件数における当番弁護士の受任割合は，105,669件のうち24％と，これも年を追うごとに拡充している．[*28] しかし，逮捕段階に弁護人が関与することは，依然，割合としては少ない．そうすると，勾留段階と逮捕段階とでは，弁護人の関与に差があることから，捜査を通じた証拠化の意味合いも，異なることがあり得るかもしれない．

このように我が国の場合には，十分に弁護権の制度的仕組みを保障していない領域が，なお存在している．この点では，周知の通りアメリカ合衆国では，Miranda v. Arizona事件判決により，[*29] 被疑者取調べへの弁護人立会権が保障され，かつ国選弁護制度の保障が宣言された．その後のアメリカについては，Edward v. Arizona事件判決が，この点を考える上で参考になるだろう．[*30] 事案は，身柄拘束中の被疑者が，弁護人に会うことを要求した時点で，取調べが中止された．しかし翌日，午前に被疑者の同意のもとで取調べが行われた，という事案である．同判決では，弁護人依頼権行使後に取調べが行われたことが，ミランダ判決の諸権利を侵害されたと主張され，自白の排除が求められたものである．連邦最高裁は，①被疑者が弁護人を要求するときにはさらに安全装置が必要である，②弁護人立会権を行使した場合には，自らが警察との会話を介した場合には別であるが，弁護人が被疑者に利用可能となるまで官憲によってその後尋問にされることはない，ということを判示した．このように，Miranda v. Arizona事件判決とEdward v. Arizona事件判決によって，被疑者取調べの際に，弁護人依頼権が優先的に保障されることが，確立した法理となっている．

近時，ヨーロッパにおいても同様の動きが見られる．すなわち，Salduz v. Turkeyの事案で，[*31] ヨーロッパ人権裁判所は，被疑者が弁護士へのアクセスもないまま警察に留置され，そして供述したという事例について，「抗しがたい理由が」ある場合を例外としつつも，「裁判所は，公平な裁判をうけ

---

*27　日本弁護士連合会・前掲注7白書72頁．
*28　日本弁護士連合会・前掲注7白書75頁．
*29　Miranda v. Arizona, 384 U.S. 436 (1966).
*30　Edward v. Arizona, 451 U.S. 477 (1981)．また，小早川義則『ミランダと被疑者取調べ』（成文堂，1995年）159－163頁参照．
*31　Judment of November 27, 2008, (Application no.36391/02), available on the HUDOC website. *Salduz v. Turkey* (2008) E.H.R.R. 421.

る権利が十分に『実際的かつ効果的』に存在するためには，6条1項は，一般的に，弁護士へのアクセスが，警察によって被疑者の最初の尋問が行われるときから，提供されるべきであると判示する」[*32]と示しているところである．[*33]その後，EU指令2013年48号（DIRECTIVE 2013/48/EU OF THE EUROPEAN PARLIAMENT AND OF THE COUNCIL of 22 October 2013）[*34]によって，次のように示されている．すなわち，被疑者は不当な遅滞なく，弁護人とアクセスする権利を有するとし，警察によって取調べを受ける前に，弁護人とアクセスする権利があることを明言している（3条2項(a)）．弁護人とのアクセスは，秘密に交通することでなくてはならず，それは警察の取調べ前においても同様であるとする（3条3項(a)）．また，取調べには弁護人が立ち会う権利を保障すべきであるとし，その手続には権利の効果的な行使と本質を侵害するものであってはらないとする（3条3項(b)）．さらに，弁護人との交通には秘密性が保障されなければならないが，それは，接見，通信，電話その他のコミュニケーション手段に及ぶことを明記している（4条）．こうした考え方の基底には，「自由を奪われている」ことに対する必要な権利保障である，という観点がある．

　このように本来供述を引き出そうとする被疑者取調べ，すなわち警察段階における手続と弁護権保障を密接に結び付けるとすれば，逮捕段階に被疑者国選弁護制度がないことは，我が国の刑事手続における今日的課題である．そして，その段階に国選弁護制度を導入するとすれば，待機型当番弁護士制度のように迅速に対応する制度的保障の在り方も検討していくべきであろう．

(2)　罪証隠滅の現実的可能性と被疑者弁護

　一方で，近年の重要な変化の一つとして，身柄拘束に関わる実務環境の変化が挙げられよう．[*35]最高裁は2014年に，「勾留の必要性の判断を左右する要

[*32]　*Id.* at para.55.
[*33]　詳細は，岡田悦典「被疑者国選弁護制度の今日的課題——逮捕段階の被疑者国選弁護制度を中心にして」総合法律支援論叢7号（2015年）1頁以下参照．また同判例とその後の展開については，葛野尋之『未決拘禁法と人権』187－192頁（現代人文社，2012年）参照．
[*34]　http://eur-lex.europa.eu/eli/dir/2013/48/oj（参照日2018年5月6日）．
[*35]　この観点を指摘するものとして，四宮啓「裁判員裁判—裁判員制度は刑事実務をどのように変えているか——弁護の立場から」三井ほか編・前掲注11書71頁．また，前田裕司「捜査段階における弁護活動——弁護の立場から」三井ほか編・前掲注11書508頁は，捜査弁護の充実の視点から，「勾留決定・勾留審査手続の対審化」「勾留代替措置の創設」を提案する．

素は，罪証隠滅の現実的可能性の程度と考えられ」るとし，本件については「具体的な事情がうかがわれない」ことから，勾留の必要性を否定した原々審を取り消した原決定を取り消した*36．また，同年，最高裁は，保釈決定を取り消した原決定について「被告人を保釈するかどうかの判断が現に審理を担当している裁判所の裁量に委ねられていること（刑訴法90条）に鑑みれば，抗告審としては，受訴裁判所の判断が，委ねられた裁量の範囲を逸脱していないかどうか，すなわち，不合理でないかどうかを審査すべきであり，受訴裁判所の判断を覆す場合には，その判断が不合理であることを具体的に示す必要があるというべきである」とし，「具体的に示していない」として取り消した．この後者の決定は主に抗告審の在り方を論じているものの，その前提として，原々審の保釈を許可した理由として，「被告人がこれらの者に対し実効性のある罪証隠滅行為に及ぶ現実的可能性は高いとはいえないこと」などを挙げていることから，罪証隠滅の可能性について，保釈にあたってより実質的な考慮を是認していると思料されるところとなった*37．

このように，罪証隠滅の現実的可能性を勘案することが意識される機運が高まっていったのであろうか．近年は，勾留実務の運用にも変化が見られるようになった．例えば，2016年においては，総数316,534件の内，逮捕された数の割合であるいわゆる身柄率が36.2％（総数114,489件）で，勾留が認容されたのは102,089件であり（却下は3,580件），勾留請求率は92.3％である*38．また，通常第一審における勾留率は，地方裁判所が53,247人の内40,480人（勾留率76.0％），簡易裁判所が5,856人の内4,281人（勾留率73.1％）である*39．もっとも，勾留却下数が，地方裁判所においては，2012年には1,734件であったのが，2016年には3,025件となり，勾留請求された中での却下率は，3.69％から6.75％に上昇した*40．また，通常第一審の保釈数も2012年には終局前には11,315人であったのが，2016年には14,336人となり，通常第一審の保釈率は22.3％か

＊36　最決平成26・11・17裁時1616・17．
＊37　最決平成26・11・18刑集68・9・1020．
＊38　『犯罪白書』（平成29年度版）の表2-2-2-1参照（http://hakusyo1.moj.go.jp/jp・参照日2018年6月5日）．
＊39　『犯罪白書』（平成29年度版）の表2-2-2-8参照（http://hakusyo1.moj.go.jp/jp・参照日2018年6月5日）．
＊40　なお簡易裁判所においては，平成24年に407件であったものが，平成28年には1369件となり，却下率は0.56％から2.06％となった．「平成28年における刑事事件の概況（上）」前掲注6概況146頁．

ら30.3％と上昇している[*41]．ちなみに20年前の1996年には，地方裁判所の勾留却下数が232件（却下率0.5％），同様に通常第一審の終局前の保釈数は7,951人（保釈率17.5％）であることを勘案すると[*42]，その変化は長期的に眺めても顕著である．

こうした事情は，従前の刑訴法39条3項の「捜査のため必要があるとき」の解釈問題にも，少なからず示唆的である．1999年最高裁判決は一定の要件を採用したが，例えば，この解釈を巡って次のような主張がなされていた．すなわち「被疑者が，事案の真相を解明する上で重要な証拠物で未押収のものの所在を自供し，これに基づいて捜索・差押えを行うため，捜索・差押許可状の請求，執行の準備等をしている場合で，被疑者の供述がその証拠物の占有者等に伝わると，証拠物の隠匿等の事態が生ずるおそれがあるとき」[*43]は，調整が必要であり，また判例法の枠組みにおいても可能であると主張されたりしていた[*44]．このような，罪証隠滅に弁護人との接見交通権が関係するという場合を想定して，接見指定を可能だとする指摘については，そもそも最高裁の示した枠組みの範疇には当てはまらないであろうという理解も有力ではあった[*45]．もっとも，近時指摘される「罪証隠滅の現実的可能性」を勘案するとすれば，弁護人を介してこのような事態が生じ得ることを想定すること自体，あまり生産的とは言えないであろう．逆に，罪証隠滅の危険についての事前規制的性格を持つ逮捕・勾留の要件論の再考が，求められている今日においては，弁護人を介してそのような事情が現実的に想定され得るのかということが，むしろ検証されてしかるべきであろう．また，以上の指摘は，弁護人に対する不信感に基づく議論と言えなくもない．しかし，全ての勾留事件に被疑者国選弁護制度が対象となる仕組みにあっては，そのような前提であれば，無用の権利制約を生み出すだけである．そして，このような問題は，今後，弁護士倫理の問題として，議論を精査していくことが求められるはずである．

勾留実務の変化は，20年余りの被疑者弁護の活性化の進展によるところが

---

*41 「平成28年における刑事事件の概況（上）」前掲注6概況147頁．
*42 最高裁判所事務総局編『司法統計年報：2刑事編』（1996年，法曹会）16－19頁参照．
*43 大野・前掲注20論文45頁．
*44 大野・前掲注20論文45頁は，引用の事例につき，接見指定することは，必ずしも最判平成3・5・10および最判平成3・5・31などの先例に反することはないと指摘する．
*45 古江・前掲注26書162頁．

大きいと言えるかもしれない．今後は，罪証隠滅の現実的可能性がないことを緻密に示していくことなどの，身柄を解放するための弁護活動の意義が，益々高まっていると言えるであろう．また，そのような弁護活動を一定の水準のもとで保障していくこと，すなわち被疑者弁護の質がより一層問われる時代になったと，評することもできる．

(3) 被疑者の身柄が拘束されていない場合の制度的保障

被疑者取調べで被疑者から供述を得ることは，何も警察取調べの場だけではなく，それ以外の場においても同様の議論を生じさせる．参考になるのは，アメリカ合衆国におけるMassiah v. United States事件判決と，その法理の展開である[46]．事案は，被告人が連邦麻薬法違反のため起訴され，弁護人を付けたものの，その後保釈された．もっとも，被告人の知らない共同被告人Xの協力を得て車の中にラジオ送信機を装備して，被告人からXが被告人の自白を引き出させ，それを聞いていた連邦捜査官が，そのことを被告人の公判で証言したというものである．連邦最高裁は，被告人に対して，弁護人の立会いのないまま被告人から連邦捜査官が故意に自己負罪の言葉を引き出し，それが証拠として公判で利用されるとき，基本的保護が否定されたとした．

アメリカ合衆国では，修正6条の弁護人の援助を受ける権利の保障を根拠として，そのための制度的保障として公的弁護制度の整備を確保してきたという歴史がある[47]．修正6条の同権利は，Massiah法理により，①自己負罪の供述が公判において被告人に不利益な証拠として使用されるとき侵害されたこととなり，②同権利は対審的な刑事司法手続が始められた時に開始され，③政府が自己負罪の供述を被告人から意図的に引き出したときに侵害されることなどが，示されたこととなる[48]．その後，Brewer v. Williams事件判決[49]において，連邦最高裁は，正式起訴，予備審問，アレインメントなどの司法手続が開始されたとき，同権利が発生することを意味するとし，その設定範囲を確定させたことが知られている．なお，この事例は，警察官がアレイン

---

[46] Massiah v. United States, 377 U.S. 201 (1964).
[47] *See* Gideon v. Wainwright, 372 U.S. 335 (1963), Argersinger v. Hamlin, 407 U.S. 25 (1972).
[48] ジョシュア・ドレスラー&アラン・C・ミカエル（指宿信監訳）『アメリカ捜査法』（レクシスネクシス・ジャパン，2014年）741-742頁．
[49] Brewer v. Williams, 430 U.S. 387 (1977).

メント後に，被告人を別の場所に移動させたときに，車の中で警察官が供述を引き出したことが問題となったという事実関係の事例である．

　この法理では，弁護人の放棄が極めて重要な問題となる．この点で，特に興味深いのが1986年のMichigan v. Jackson事件判決である．[*50] この事件では，アレインメント後に被告人が弁護人を選任したものの，その不在の前に警察官が被告人に接触し，質問に答えたというものである．結果，連邦最高裁は，罪状認否後の警察取調べにおける被告人に対して，修正5条と同様に修正6条についても保護すべきであるとし，警察官が私的面接を開始したことを理由に，弁護人の放棄を無効とした．そこで，修正6条においても，修正5条におけるEdward v. Arizona事件判決の法理が応用され，被告人が弁護人と相談をするということを要求した場合には，修正6条における警察の質問においても妥当するとしたことに，この判例の意義がある．

　この議論は，いわゆる政府側が，被告人の供述を引き出そうとするときの弁護権保障の問題となっているが，間接的にはこの弁護権を公的弁護制度によって保障しているので，そのような制度的保障があることを当然の前提としている．そこで，供述を引き出すという意味合いを，我が国においても真摯に検証するべきではあると思われるが，それと同時に公的弁護制度の保障も勘案すべきであることも，この議論は示唆している．またこの議論が，我が国の勾留段階以降の捜査手続にそのまま妥当するのかは，検討の余地がある．しかし，我が国の場合には，裁判所の前に引致され，勾留が決定されるということを考慮すると，実質的には，その段階でいわゆる対審的司法手続が開始した，と評価することは，十分に可能なように思われる．いずれにせよ我が国の場合には，勾留されている被疑者と勾留されていない被疑者（あるいは釈放後の被疑者）との差は，国選弁護制度が保障されていないという意味で歴然とした格差があることとなる．実際上，弁護人の援助を必要とする被疑者にとっては，この状態は不合理な区別と言える．

　このように上記のアメリカの事例は，いわゆる警察の取調べ以外の場所で，弁護権保障が求められることを議論している意味で，示唆的である．すなわち，我が国の場合には，身柄が拘束されている被疑者を対象に被疑者国選弁

[*50] Michigan v. Jackson, 475 U.S. 625 (1986). また，小早川義則『デュー・プロセスと合衆国最高裁Ⅲ―弁護人依頼権，スーパー・デュー・プロセス―』（成文堂，2013年）91－95頁参照．

護制度が保障されることとなったが，それ以外の場を対象にしていない．しかし，実際には供述を捜査機関から求められる場面がいろいろとあるわけであって，そのような場合には，弁護権保障も求められるべきであろう．そして，そのような場合であれば，我が国の場合であっても，被疑者国選弁護制度の対象として検討されるべきである．そうすると，具体的には，逮捕段階の場合の他に，任意取調べの段階，逮捕された後に勾留が却下されたり，あるいは勾留が取り消された後の場合には，捜査に直面しているわけであるから，被疑者国選弁護制度の保障が考えられてしかるべきであるように思われる．そしてもし仮に，被疑者国選弁護制度を身柄拘束されていない被疑者の場合に実現させるとすれば，いつの段階から保障が可能なのかといった技術的問題は残されているものの，迅速かつ早期に，被疑者に弁護人が付く制度を模索すべきである．

　一方，1999年最高裁判決は，接見交通権を憲法34条の弁護人の援助を受ける権利から基礎付けたことで，被疑者弁護の進展に何らかの影響を及ぼしたものである．もっとも，同判決は，接見交通権を前提としたものであるから，身柄拘束されている被疑者を前提とした議論であり，憲法37条3項との関係について何ら言及されることはなかった．しかし，もともと公判のためにある弁護人の援助を受ける権利の保障は，公判準備にも継続的に当てはまり，また公判請求がなされるかどうかは，実務上，明確に被疑者にはわからないのであるから，不起訴のための弁護活動にも当てはまるはずである．それゆえ，憲法37条3項の趣旨は，本来，被疑者弁護にも十分に妥当するものであろう．すなわち，身柄を拘束されていない被疑者には，憲法37条3項を根拠に，公的弁護制度の保障が基礎付けることは十分に可能なはずである．

　裁判員制度が導入され，公判前整理手続の創設によって事前準備が強調される時代となり，被疑者弁護の価値が相対的に変化し，被疑者弁護への理解も進んだところである．身柄不拘束の被疑者に対しては，1999年最高裁判決の枠組みのみでは，被疑者弁護の充実化の理論的根拠としては，時代の要請に十分に対応しきれないところがありそうである．

(4) 被疑者取調べの弁護人立会権へのプロローグ

　また，最近の大きな変化は，被疑者取調べの録音・録画制度の導入である．周知の通り，我が国の被疑者弁護の主な関心は，公判準備，起訴回避という側面の他に，黙秘権を実質的に保障できるような接見による弁護活動，さら

には，被疑者の供述に基づく調書作成のプロセスを，適正化させていこうという実践に関心があった．そして，2016年改正法によって，いわゆる検察官独自捜査事件と裁判員裁判対象事件における被疑者取調べの録音・録画が義務化されることとなった．巷で批判されているように，対象事件がおよそ3％に過ぎないことなど，課題は依然として残るところであるが，立法は，今後の被疑者弁護の在り方には大きな影響を与えるものと言えよう．第一には，対象事件以外の事件における録音・録画の要求や，録音・録画を前提とした被疑者へのアドバイスの在り方，また，録音・録画記録の利用方法など，被疑者弁護の在り方としてノウハウを蓄積していくことが求められるであろう．しかし，もっとも重要な問題の一つとして，自白を内容とする録音・録画記録を実質証拠として利用することの是非，さらには自白の任意性・信用性を証明するための証拠として利用される場合の被疑者弁護の在り方がある．実質証拠として利用することについては，最近の下級審判例が，「我が国の被疑者の取調べ制度やその運用の実情を前提とする限り，公判審理手続が，捜査機関の管理下において行われた長時間にわたる被疑者の取調べを，記録媒体の再生により視聴し，その適否を審査する手続と化すという懸念があり，そのような，直接主義の原則から大きく逸脱し，捜査から独立した手続とはいい難い審理の仕組みを，適正な公判審理手続ということには疑問がある」として，実質証拠とすることに慎重な態度を鮮明にしたところである．録音・録画記録にどのように向き合うのか，また，取調べ過程の在り方についての弁護の可能性を模索する時期が到来している．[*51]

　1999年最高裁判決においては，仮に捜査権から被疑者を取り調べることが否定されないとしても，そこから，被疑者取調べの場合を例に挙げて，接見交通権の行使との合理的調整が必要であるとの論理が展開される．しかし，近時の世界的潮流に鑑みると，一足飛びに，このように論理を展開してよいのか，疑問とされるところである．なぜなら，例えば，「被疑者の取調べに弁護人が立ち会う」ことは，いわゆる弁護人依頼権が捜査権に優越するというわけでは必ずしもなく，共存するだけの事柄でもあるはずだからである．ましてや，弁護人の存在が捜査に支障をきたすと言えるのかどうか，真摯に

---

*51　東京高判平成28.8.10判タ1429・132．最近の事例として，実質証拠として許容したものに広島高判平成28・9・13（LEX/DB文献番号25543809），実質証拠・補助証拠の請求を不許容としたものに奈良地判平成30・2・5（LEX/DB文献番号25449285）などがある．

検証してみなければならない.[*52]

　もっとも，被疑者弁護の意義について，①公判準備のための弁護活動と，②身柄拘束を前提とした被疑者の権利保障のための弁護活動とを，憲法34条のもと，あまり区別せずに議論してきたのが，1999年最高裁判決であったように思われるところである．しかし，憲法37条３項における被疑者弁護の意義を再確認できるとすれば，これらを明確に区別して，その意義を豊かにしていくことが求められるように思われる．そして，憲法34条に求められる弁護人の役割の核心部分は，身柄拘束に対する権利保障と黙秘権保障を監督し，身柄拘束と被疑者取調べの過程が適正かどうかを被疑者の権利保障のために監督し，そのために活動するところに，より精錬させて理解されていくものと言えよう．このように考えると，その先には，憲法34条に基づく，被疑者取調べにおける弁護人の立会いとその際の弁護人の役割についての議論に，繋がるように思われる．

４．おわりに

　本稿は，2016年刑事訴訟法改正を契機として，すべての勾留事件に被疑者国選弁護制度が拡充されたことから予想される制度的課題と理論的課題について，いくつかを論じてきた．その際に，気がつくこととして，被疑者弁護に対する理解が伸張し，その評価がかつてとは異なり大きく変化していること，また，実際の問題として，多くの弁護人が被疑者弁護に実際に関わり，捜査段階に弁護人が付くことがごく当然のこととなったことを特筆すべきである．

　こうした観点から見つめた場合，その変化の前に作られてきた最高裁の接見交通権の法理は，現状との不整合をもたらすだけであり，今一度見直されるべき時期に来ているのではないか，と考えるところである．また，被疑者弁護を語る上で実際上検討しなければならない我が国の未決拘禁制度，すな

[*52] この点で参考になるのは，「面会接見」を合理的調整の手段として認めた，最判平成17・4・29民集59・3・563である．この面会接見は，秘密交通権が保障されていないことを前提としているので，そもそも憲法で保障される弁護人の援助を受ける権利とは異なる性格のものであろう．しかし，敢えて指摘するとすれば，我が国では実現していない弁護人の被疑者取調べへの立会いという性格と，秘密交通が保障されてない形態として類似性があるということである．

わち逮捕・勾留の運用も変化しようとしている．被疑者弁護の充実化を念頭に置くと，身柄拘束を解かれた被疑者こそ，弁護人は自由に交通ができ，準備活動が可能となるのだから，将来的には，身柄が不拘束となる場合の被疑者弁護の役割も念頭に入れなければならない．そして先述したように，公判活動を意識した被疑者弁護の効用も視野に入れた理論上の整理も不可欠であるとともに，一方で被疑者取調べへの弁護人立会いへと弁護人の役割についても，議論されるべきであろう．これらを踏まえて，被疑者国選弁護制度の在り方を検証していくことが必要であろう．

　このように，全ての勾留事件に被疑者国選弁護制度が拡充され，また，裁判員制度の創設と公判前整理手続の創設に伴い，公判前の被疑者弁護の効果が積極的に評価される時代では，被疑者弁護の意義も以前とは変化している．そこで，本稿においては，被疑者弁護における憲法37条3項の意義が見直されるべきであることを指摘するとともに，憲法34条の意義の再考を指摘した．また，最高裁判例により形成された合理的調整論や憲法的理論の見直しなど，被疑者弁護の充実化に当たって，再検討すべき理論的課題は，少なくないように思われる．

　　　　　　　　　　　　　　　　　　　　　　　　　　（おかだ・よしのり）

●第2部／被疑者弁護の現状と課題

2 データから見た当番弁護士制度の意義及び影響等

本書編集委員会

1．はじめに

　本稿では，全国及び福岡県のデータを分析して，当番弁護士制度の発足から，被疑者国選制度の開始，同制度の拡大等を経た現在の状況を把握し，当番弁護士制度が刑事事件へ与えた影響等を指摘する．本稿における考察が，今後の我が国における弁護人の役割を考える契機となれば幸いである．

2．基礎データの説明

　まず，分析に用いる各データの詳細を説明する．

(1) 集計期間

　全国のデータは，各年の1月1日から12月31日までの集計結果を記載している．
　一方，福岡のデータは，表記年数の前年12月1日から当年11月30日までの集計結果を記載している．このような集計基準となった理由は，福岡では，当番弁護士制度が1990（平成2）年12月1日に開始されたことから，「当番弁護士のあゆみ[*1]」において前年12月1日から当年11月30日までの1年間をひとつの期間として集計する形となっていたためである．具体的には，「1991（平

＊1　福岡県弁護士会が発行していた当番弁護士に関する記録集。

成3）年」のデータは，前年である1990（平成2）年12月1日から当年である1991（平成3）年11月30日までの集計結果を表している．

したがって，福岡のデータは，全国のデータと集計期間が1か月ずれることになるが，統計資料としては「当番弁護士のあゆみ」によらざるを得ないため，福岡は上記の集計期間で記載した．もっとも，全国のデータも，各単位会ごとに集計の仕方にばらつきがあることから，大きな差異はないと思われる．なお，1991（平成3）年の集計データは，福岡における4つの部会のうち，最も規模の大きい福岡部会のみのデータを集計したものであり，その後については4つの部会の全てのデータを集計したものである．

(2) 当番弁護士申込件数，当番弁護士受任件数及び刑事被疑者弁護援助件数

当番弁護士受任件数とは，当番弁護士として出動した後に刑事被疑者弁護援助を含む私選弁護として受任した件数をいう．

全国のデータは，1992（平成4）年から2005（平成17）年までは，『弁護士白書2006年度版』78頁に，2006（平成18）年から2015（平成27）年までは，『弁護士白書2016年度版』72頁に，2016（平成28）年は，『弁護士白書2017度版』72頁に依っている．

なお，刑事被疑者弁護援助件数については，2006年以前は，財団法人法律扶助協会の実績件数である．2007（平成19）年は，同年4月から9月まで日弁連における援助実績件数と同年10月から翌年3月まで日本司法支援センターにおける終結件数の合計数となっている．また，2008（平成20）年から2015（平成27）年は，日本司法支援センターにおける終結件数となっている．

福岡のデータは，1991（平成3）年から2005（平成17）までは，「当番弁護士のあゆみ」に，2006（平成18）年から2017（平成29）年までは福岡県弁護士会において管理しているデータに依っている．

(3) 連絡者，出動時期，出動時の身体拘束状況（逮捕，勾留，捜査終了後，在宅等）

全国のデータは，後に言及する各種統計資料（2005年～2015年及び2016年度版及び2017年度版）から抜粋したものであり，日弁連刑事弁護センター調べに依っている．

福岡のデータは，1991（平成3）年から2005（平成17）年までは，「当番弁

護士のあゆみ」に，2006（平成18）年から2017（平成29）年までは福岡県弁護士会において管理しているデータに依っている．

(4) 勾留請求件数，勾留許可件数，勾留却下件数

検察統計年報「最高検，高検及び地検管内別　既済となった事件の被疑者の逮捕及び逮捕後の措置別人員－自動車による過失致死傷等及び道路交通法違反被疑事件を除く－」に依っている．

なお，勾留請求件数は，同年報の「勾留許可」と「勾留却下」の件数を合算した数値である．

(5) 既済事件における被疑者の終局処分の総数，公判請求件数，略式命令請求件数，家裁送致件数，死亡件数，釈放件数

検察統計年報「最高検，高検及び地検管内別　既済となった事件の被疑者の勾留後の措置，勾留期間別及び勾留期間延長の許可，却下別人員－自動車による過失致死傷等及び道路交通法違反被疑事件を除く－」に依っている．

なお，ここでいう「終局処分」とは，既済となった事件の被疑者の勾留後の措置のことを指す．

(6) 終局総人員数，弁護人が選任された被告人の総数，被疑者段階から弁護人が選任された総数，同総数のうち私選弁護人・国選弁護人の総数等

司法統計年報（刑事編）「通常第一審事件の終局総人員－弁護関係別－地方裁判所管内全地方裁判所別」に依っている．

ここでいう「終局」とは，通常第一審事件における終結時のことを指す．

なお，2006（平成18）年の被疑者段階から弁護人が選任された被告人の人数は，2006（平成18）年10月から12月までの人員数に限られている．

(7) 裁判官による処分に対する準抗告申立件数及び認容件数

司法統計年報（刑事編）「刑事雑事件の種類別新受人員－全裁判所及び最高，全高等・地方・簡易裁判所」に依っている．

なお，ここでいう「準抗告」は，勾留決定に対する準抗告のみを指すものではなく，裁判官による処分全てに対する準抗告を含む．

3．データを分析するうえでの重要な視点

まず，2006（平成18）年10月から，被疑者国選弁護制度が「死刑又は無期又は短期1年以上」の罪を対象事件として開始された．次に，2009（平成21）年5月から，対象事件が「長期3年を超える」罪まで拡大された．さらに，2018（平成30年）6月から，対象事件が「勾留状が発せられている場合」にまで拡大された．この対象事件の拡大がデータ上の各数値の変遷に大きな影響を与えている．

4．当番弁護士申込件数・割合の推移（表1）

表1は，当番弁護士申込件数と勾留件数，勾留件数に対する当番弁護士申込件数の割合について，福岡と全国の年度ごとの推移をまとめたものである．

まず，当番弁護士申込件数も割合も，当番弁護士制度の開始から被疑者国選弁護制度の導入まで，福岡及び全国ともに増加している．これは，福岡でも全国でも当番弁護士制度が周知されていったことを表している．

また，2006（平成18）年の被疑者国選弁護制度の導入及び2009（平成21）年の被疑者国選弁護制度の対象事件拡大により，被疑者国選弁護対象事件に関しては，勾留段階で必然的に国選弁護人が選任されるため，当番弁護士申込件数は，かなり減少するものと考えられた．

しかし，実際には，当番弁護士制度が年々周知されていったことにより，全国的に当番弁護士の申込件数の減少は僅かなものにとどまっている．すなわち，福岡及び全国ともに，2007（平成19）年に初めて当番弁護士申込件数が前年から減少し，2011（平成23）年まで減少傾向にあるものの，2012（平成24）年以降，再び増加傾向にある．

次に，勾留件数に対する当番弁護士申込件数の割合に関しても，同様に，被疑者国選弁護制度の導入により一時的に減少している．すなわち，福岡及び全国ともに，2009（平成21）年から2011（平成23）年にかけて，勾留件数に対する当番弁護士申込件数の割合は，前年よりも減少していた．

しかし，近年は，全国的に50％近くまで増加している．特に福岡では，勾留件数に対する当番弁護士申込件数の割合は50％を超える状況である．これは，逮捕段階で当番弁護士を申込む被疑者が増加しているということであり，

表1　当番弁護士申込件数・割合の推移

年度	福岡			全国		
	当番弁護士申込件数（A）	勾留件数（B）	勾留件数に対する申込件数aの割合（A/B）	当番弁護士申込件数（C）	勾留件数（D）	勾留件数に対する申込件数の割合（C/D）
1991（平成3）年	108	3649	3.0%		74574	
1992（平成4）年	221	3501	6.3%	5654	77545	7.3%
1993（平成5）年	455	3565	12.8%	9907	93347	10.6%
1994（平成6）年	722	3939	18.3%	14007	86870	16.1%
1995（平成7）年	657	3634	18.1%	15280	87058	17.6%
1996（平成8）年	952	4029	23.6%	18547	90958	20.4%
1997（平成9）年	1106	4141	26.7%	22910	97266	23.6%
1998（平成10）年	1354	4271	31.7%	25571	99781	25.6%
1999（平成11）年	1500	4472	33.5%	30271	105205	28.8%
2000（平成12）年	1879	5035	37.3%	39690	115391	34.4%
2001（平成13）年	2357	5509	42.8%	47143	121489	38.8%
2002（平成14）年	3063	5835	52.5%	54181	129207	41.9%
2003（平成15）年	3537	6366	55.6%	60023	138540	43.3%
2004（平成16）年	3541	6323	119.0%	63106	141148	44.7%
2005（平成17）年	3810	6369	59.8%	67711	141775	47.8%
2006（平成18）年	4016	6320	63.5%	67826	136113	49.8%
2007（平成19）年	3744	5923	63.2%	63396	126544	50.1%
2008（平成20）年	3842	5872	65.4%	64780	120870	53.6%
2009（平成21）年	2851	5824	49.0%	51462	120274	42.8%
2010（平成22）年	2314	5751	40.2%	38074	114567	33.2%
2011（平成23）年	1995	5161	38.7%	37952	110373	34.4%
2012（平成24）年	2137	5089	42.0%	43674	112047	39.0%
2013（平成25）年	2221	4906	45.3%	45803	109686	41.8%
2014（平成26）年	2239	4886	45.8%	48210	106806	45.1%
2015（平成27）年	2528	5280	47.9%	50705	106979	47.4%
2016（平成28）年	2590	4952	52.3%		102089	
2017（平成29）年	2493					

福岡では，他の都道府県に比べて特に当番弁護士制度が周知されているものと考えられる．

5．出動状況（表2）

　表2は，福岡における当番弁護士の出動状況（当番弁護士申込件数に対する出動率，不出動率，出動したが接見できなかった割合）を表している．
　まず，出動率に関しては，当番弁護士制度の開始時から現在に至るまで95％を上回っており，ほとんどの場合，当番弁護士出動要請を受けた弁護士が

表2　当番弁護士出動状況（福岡）

年度	当番弁護士申込件数（A）	出動件数（B）	割合（B/A）	不出動件数（C）	割合（C/A）	出動したが接見できなかった件数（D）	割合（D/A）
1991（平成3）年	108						
1992（平成4）年	221	217	98.2%				
1993（平成5）年	455	451	99.1%				
1994（平成6）年	722	712	98.6%	12	1.7%	16	2.2%
1995（平成7）年	657	647	98.5%	7	1.1%	3	0.5%
1996（平成8）年	952	932	97.9%	20	2.1%	19	2.0%
1997（平成9）年	1106	1073	97.0%	33	3.0%	10	0.9%
1998（平成10）年	1354	1318	97.3%	36	2.7%	24	1.8%
1999（平成11）年	1500	1472	98.1%	28	1.9%	24	1.6%
2000（平成12）年	1879	1835	97.7%	44	2.3%	16	0.9%
2001（平成13）年	2357	2312	98.1%	45	1.9%	17	0.7%
2002（平成14）年	3063	3008	98.2%	55	1.8%	24	0.8%
2003（平成15）年	3537	3489	98.6%	48	1.4%	35	1.0%
2004（平成16）年	3541	3492	98.6%	49	1.4%	29	0.8%
2005（平成17）年	3810	3764	98.8%	46	1.2%	30	0.8%
2006（平成18）年	4016	3978	99.1%	38	0.9%	31	0.8%
2007（平成19）年	3744	3675	98.2%	69	1.8%	30	0.8%
2008（平成20）年	3842	3782	98.4%	58	1.5%	17	0.4%
2009（平成21）年	2851	2763	96.9%	88	3.1%	19	0.7%
2010（平成22）年	2314	2221	96.0%	93	4.0%	14	0.6%
2011（平成23）年	1995	1923	96.4%	72	3.6%	18	0.9%
2012（平成24）年	2137	2073	97.0%	64	3.0%	25	1.2%
2013（平成25）年	2221	2124	95.6%	95	4.3%	11	0.5%
2014（平成26）年	2239	2158	96.4%	81	3.6%	14	0.6%
2015（平成27）年	2528	2447	96.8%	81	3.2%	18	0.7%
2016（平成28）年	2590	2499	96.5%	91	3.5%	24	1.0%
2017（平成29）年	2493	2420	97.1%	72	2.9%	21	0.9%

出動して，被疑者と接見していることが分かる．

　次に，不出動率については，2009（平成21）年以降高くなっている．これは，被疑者国選弁護制度の対象事件が拡大されたことにより，勾留された段階で当番弁護士を申し込む人の割合が減った結果，逮捕された段階で当番弁護士を申し込む人の割合が増えたため，弁護士が出動したときには，既に被疑者が釈放されている割合が増えたことによるものと思われる．

　最後に，出動したが接見できなかった割合は，1％を超えた年があるものの，概ね1％未満である．これは，通常，弁護士が出動前に留置場等に在監確認をしているため，実際に出動したが接見できないことは少ないからであ

ると思われる．

6．当番弁護士申込件数，受任件数，刑事被疑者弁護援助（法律扶助も含む）件数（表3）

表3は，当番弁護士申込件数，受任件数，刑事被疑者弁護援助（法律扶助も含む）件数について，割合を含めて，福岡と全国のデータを列挙し比較したものである．

(1) **当番弁護士申込件数及び受任件数について**

全国では，2007（平成19）年から2015（平成27）年まで，当番弁護士申込件数に対する受任件数の割合が，年々増加傾向にある．近年，弁護士となった者は，弁護士登録時から，当番弁護士制度経由で接見した被疑者について，被疑者国選弁護人に選任されない場合でも，私選としての刑事被疑者弁護援助制度を利用して受任することを当然の流れのものと受け止めていることが影響していると捉えることもできる．

他方，福岡については，当番弁護士を制度として発足させた単位会という事情からか，全国と比較して，元々，当番弁護士申込件数に対する受任件数の割合が高かった．当番弁護士制度の発足当初は，同割合が過半数を超えており，その後年々減少するも，2009（平成21）年までは，福岡が全国に比べて，同割合が高い状況が続いていた．この点は，福岡では，被疑者段階での弁護活動の重要性に鑑み，当番弁護士として出動して接見した被疑者に資力がない場合には，できる限り刑事被疑者弁護援助制度を利用して受任しようという認識が会員の間で広く共有されていたことが要因と考え得る．

しかし，2010（平成22）年以降は，全国と福岡の関係が逆転し，同割合は，福岡に比べて，全国の方が高い状況が継続している．この点には，被疑者国選弁護対象外の事件のみに当番弁護士を派遣する単位会の存在が関係している．すなわち，被疑者国選弁護対象事件にも当番弁護士を派遣する単位会では，当番弁護士として接見した際，当日又は翌日に勾留質問が予定されており被疑者国選弁護人に選任される見込みがある場合には，刑事被疑者弁護援助制度を利用しないことがある．

これに対し，被疑者国選弁護対象外の事件のみに当番弁護士を派遣する単位会では，そのような状況はなく，刑事被疑者弁護援助制度の申し込みを控

表3　受任件数割合

	福岡					全国				
	申込件数(A)	受任件数(B)	割合(B／A)	被疑者援助(C)	割合(C／B)	申込件数(D)	受任件数(E)	割合(E／D)	援助件数(F)	割合(F／E)
1991（平成3）年（初年度）	108	59	54.6%	25	42.4%					
1992（平成4）年（2年度）	221	104	47.1%	52	50.0%	5,654	2,448	43.3%	640	26.1%
1993（平成5）年（3年度）	455	205	45.1%	127	62.0%	9,907	3,484	35.2%	1,112	31.9%
1994（平成6）年（4年度）	722	348	48.2%	270	77.6%	14,007	4,314	30.8%	1,684	39.0%
1995（平成7）年（5年度）	657	261	39.7%	187	71.6%	15,280	4,211	27.6%	1,767	42.0%
1996（平成8）年（6年度）	952	306	32.1%	225	73.5%	18,547	4,697	25.3%	2,302	49.0%
1997（平成9）年（7年度）	1,106	312	28.2%	229	73.4%	22,910	5,489	24.0%	2,787	50.8%
1998（平成10）年（8年度）	1,354	321	23.7%	221	68.8%	25,571	5,807	22.7%	3,144	54.1%
1999（平成11）年（9年度）	1,500	348	23.2%	270	77.6%	30,271	6,493	21.4%	3,564	54.9%
2000（平成12）年（10年度）	1,879	475	25.3%	357	75.2%	39,690	8,519	21.5%	4,982	58.5%
2001（平成13）年（11年度）	2,357	599	25.4%	469	78.3%	47,143	9,684	20.5%	5,901	60.9%
2002（平成14）年（12年度）	3,063	809	26.4%	688	85.0%	54,181	10,269	19.0%	6,357	61.9%
2003（平成15）年（13年度）	3,537	980	27.7%	818	83.5%	60,023	10,537	17.6%	6,644	63.1%
2004（平成16）年（14年度）	3,541	874	24.7%	762	87.2%	63,106	10,900	17.3%	6,764	62.1%
2005（平成17）年（15年度）	3,810	967	25.4%	863	89.2%	67,711	12,237	18.1%	8,290	67.7%
2006（平成18）年（16年度）	4,016	1,035	25.8%	922	89.1%	67,826	12,524	18.5%	8,480	67.7%
2007（平成19）年（17年度）	3,744	917	24.5%	803	87.6%	63,396	12,438	19.6%	7,556	60.7%
2008（平成20）年（18年度）	3,842	1,109	28.9%	1,012	91.3%	64,708	13,808	21.3%	11,457	83.0%
2009（平成21）年（19年度）	2,851	827	29.0%	730	88.3%	51,462	14,250	27.7%	6,956	48.8%
2010（平成22）年（20年度）	2,314	530	22.9%	420	79.2%	38,074	13,050	34.3%	5,318	40.8%
2011（平成23）年（21年度）	1,995	451	22.6%	377	83.6%	37,952	14,901	39.3%	6,565	44.1%
2012（平成24）年（22年度）	2,137	538	25.2%	451	83.8%	43,674	18,179	41.6%	8,503	46.8%
2013（平成25）年（23年度）	2,221	660	29.7%	578	87.6%	45,803	20,310	44.3%	10,059	49.5%
2014（平成26）年（24年度）	2,239	715	31.9%	608	85.0%	48,210	21,554	44.7%	11,182	51.9%
2015（平成27）年（25年度）	2,528	788	31.2%	675	85.7%	50,705	22,858	45.1%	11,716	51.3%
2016（平成28）年（26年度）	2,590	785	30.3%	670	85.4%	51,370	25,382	49.4%	12,455	49.1%
2017（平成29）年（27年度）	2,493	723	29.0%	594	82.2%					

える事情がないため，受任割合が他の単位会に比べて高くなる傾向があり，そのことが統計上影響していることも考えられる．

(2) 刑事被疑者弁護援助（法律扶助も含む）の申込件数及びその割合について

　被疑者国選弁護制度が開始された2006（平成18）年から2007（平成19）年にかけて，刑事被疑者弁護援助（法律扶助も含む）の件数及び割合は，全国及び福岡ともに減少している．

しかし，他の年度と比較しても，その減少割合は，特に大きなものとはいえない．これは，当初の被疑者国選弁護制度の対象事件が「死刑又は無期又は短期１年以上」の罪と比較的重大事件に限定されていたことから，同制度の開始による刑事被疑者弁護援助の件数及び割合が減少することに与えた影響は少ないためと考えられる．

　他方で，被疑者国選弁護制度が拡大された2008（平成20）年から2009（平成21）にかけて，刑事被疑者弁護援助の件数及び割合は，全国では大幅に減少している．これは，被疑者国選弁護制度の対象事件が「長期３年を超える」罪にまで拡大され，従来の対象事件に比べて比較的軽微な罪にも被疑者国選制度を利用することができるようになったことが要因と考えられる．

　私選弁護として受任した件数に対する刑事被疑者弁護援助の受任件数の割合は，当番弁護士制度の発足当初から現在に至るまで，全国に比較すると，福岡が圧倒的に高い状況である．

　福岡では，従来から，被疑者段階からの弁護人による弁護活動の必要性についての認識が比較的高かったという事情から，刑事被疑者弁護援助制度を利用して弁護人が早い段階から弁護活動をすることが基本であるとの考えが根付いており，弁護士にとって同制度を利用することに疑問を持たないことも影響しているとも考え得る．また，福岡では，少年被疑者については，当番弁護士として出動した場合には，原則として受任するように促されていることも影響していると考え得る．

　加えて，刑事被疑者弁護援助制度には，勾留前援助制度も含まれ，被疑者国選弁護対象事件であっても，逮捕から勾留前までの期間に同制度を利用することが多いことも，福岡の刑事被疑者弁護援助制度の利用割合が高くなっている要因と推測される．

７．当番弁護士の連絡者（福岡のみ）（表４）

　表４は，福岡において，当番弁護士制度を利用しようと連絡した者について，その内訳と割合を記載したものである．

　当番弁護士制度の発足当時は，被疑者本人による連絡は少なく，家族や知人等による連絡が割合として高かった．これは，当時は，当番弁護士制度の認知度が低く，まだ身体拘束時の被疑者本人への告知が十分になされていな

表4　連絡者（福岡のみ）

	申込件数(A)	被疑者本人(B=C+D+E)	割合(B/A)	うち警察取次(C)	割合(C/B)	うち検察取次(D)	割合(D/B)	うち裁判所取次(E)	割合(E/B)	家族(F)	割合(F/A)	委員会(G)	割合(G/A)
平成3年（初年度）	108	24	22.2%							51	47.2%	31	28.7%
平成4年（2年度）	221	101	45.7%	50	49.5%	3	3.0%	48	47.5%	94	42.5%	26	11.8%
平成5年（3年度）	455	196	43.1%	107	54.6%	6	3.1%	83	42.3%	133	29.2%	126	27.7%
平成6年（4年度）	722	284	39.3%	149	52.5%	1	0.4%	134	47.2%	135	18.7%	305	42.2%
平成7年（5年度）	657	387	58.9%	202	52.2%	2	0.5%	183	47.3%	114	17.4%	156	23.7%
平成8年（6年度）	952	630	66.2%	212	33.7%	3	0.5%	415	65.9%	150	15.8%	172	18.1%
平成9年（7年度）	1,106	724	65.5%	245	33.8%	0	0.0%	479	66.2%	174	15.7%	208	18.8%
平成10年（8年度）	1,354	932	68.8%	291	31.2%	0	0.0%	641	68.8%	214	15.8%	208	15.4%
平成11年（9年度）	1,500	1,028	68.5%	350	34.0%	3	0.3%	675	65.7%	214	14.3%	258	17.2%
平成12年（10年度）	1,879	1,315	70.0%	499	37.9%	0	0.0%	816	62.1%	348	18.5%	216	11.5%
平成13年（11年度）	2,357	1,836	77.9%	597	32.5%	1	0.1%	1238	67.4%	324	13.7%	197	8.4%
平成14年（12年度）	3,063	2,449	80.0%	686	28.0%	2	0.1%	1761	71.9%	359	11.7%	255	8.3%
平成15年（13年度）	3,537	2,798	79.1%	844	30.2%	0	0.0%	1954	69.8%	394	11.1%	345	9.8%
平成16年（14年度）	3,541	2,997	84.6%	783	26.1%	1	0.0%	2213	73.8%	344	9.7%	200	5.6%
平成17年（15年度）	3,810	3,251	85.3%	886	27.3%	0	0.0%	2365	72.7%	356	9.3%	203	5.3%
平成18年（16年度）	4,016	3,384	84.3%	997	29.5%	3	0.1%	2384	70.4%	372	9.3%	227	5.7%
平成19年（17年度）	3,744	3,068	81.9%	885	28.8%	2	0.1%	2181	71.1%	451	12.0%	179	4.8%
平成20年（18年度）	3,842	3,135	81.6%	1,008	32.2%	4	0.1%	2123	67.7%	450	11.7%	176	4.6%
平成21年（19年度）	2,851	2,301	80.7%	1,074	46.7%	4	0.2%	1223	53.2%	346	12.1%	118	4.1%
平成22年（20年度）	2,314	1,785	77.1%	1,023	57.3%	4	0.2%	758	42.5%	354	15.3%	114	4.9%
平成23年（21年度）	1,995	1,592	79.8%	924	58.0%	6	0.4%	662	41.6%	245	12.3%	101	5.1%
平成24年（22年度）	2,137	1,699	79.5%	1,109	65.3%	29	1.7%	561	33.0%	268	12.5%	109	5.1%
平成25年（23年度）	2,221	1,806	81.3%	1,245	68.9%	32	1.8%	529	29.3%	245	11.0%	98	4.4%
平成26年（24年度）	2,239	1,845	82.4%	1,260	68.3%	23	1.2%	562	30.5%	234	10.5%	80	3.6%
平成27年（25年度）	2,528	2,071	81.9%	1,523	73.5%	36	1.7%	512	24.7%	266	10.5%	87	3.4%
平成28年（26年度）	2,590	2,170	83.8%	1,696	78.2%	49	2.3%	425	19.6%	247	9.5%	53	2.0%
平成29年（27年度）	2,493	2,064	82.8%	1,642	79.6%	33	1.6%	389	18.8%	249	10.0%	54	2.2%

い状況で，心配した家族や知人等が同制度を知って連絡してきたのではないかと推測される．

　その後，被疑者本人の割合が，連絡者としての大半を占めるようになってきた．これは，当番弁護士制度の認知度が上がったことにより，被疑者本人が逮捕前から当番弁護士制度を知っていた，あるいは，同制度を知っている同房者から情報を得たなどの理由が考えられる．

表5　要請者（福岡・全国比較）

年度	福岡					
	(A)申込件数	(B)被疑者本人	(B)/(A)割合	(C)家族、知人	(C)/(A)割合	(D)委員会派遣
2005（平成17）年	3,810	3251	85.3%	356	9.3%	203
2006（平成18）年	4,016	3384	84.3%	372	9.3%	227
2007（平成19）年	3,744	3068	81.9%	451	12.0%	179
2008（平成20）年	3,842	3135	81.6%	450	11.7%	176
2009（平成21）年	2,851	2301	80.7%	346	12.1%	118
2010（平成22）年	2,314	1785	77.1%	354	15.3%	114
2011（平成23）年	1,995	1592	79.8%	245	12.3%	101
2012（平成24）年	2,137	1699	79.5%	268	12.5%	109
2013（平成25）年	2,221	1806	81.3%	245	11.0%	98
2014（平成26）年	2,239	1845	82.4%	234	10.5%	80
2015（平成27）年	2,528	2071	81.9%	266	10.5%	87
2016（平成28）年	2,590	2170	83.8%	247	9.5%	53
2017（平成29）年	2,493	2064	82.8%	249	10.0%	54

※なお(A)と(B)・(C)・(D)の合計が一致していないが，その差は誤差といえる程度のものであり有意なものではない．

　被疑者本人から連絡が来る場合における取次機関を検討する．

　1992（平成4）年から1995（平成7）年までは，取次機関は，警察署の割合が高かった．

　しかし，1995（平成7）年から1996（平成8）年にかけて，裁判所による取次の割合が急激に増加し，その後，2007（平成19）年まで同割合は微増する．そして，2008（平成20）年から現在に至るまで，年々減少する傾向にある．

　1995（平成7）年から1996（平成8）年にかけて，裁判所による取次の割合が急激に増加した点は，福岡県弁護士会と裁判所による協議等により，勾留質問時に当番弁護士制度についての告知がなされるようになった事情が影響していると推測される．

　検察庁による取次は，当番弁護士制度発足当時から2011（平成23）年まで，件数では一桁台，割合としては，1994（平成6）年から，0％〜0.5％という

(D)/(A)割合	全国						
	(1)申込件数	(2)被疑者本人	(2)/(1)割合	(3)家族、知人	(3)/(1)割合	(4)委員会派遣	(4)/(1)割合
5.3%	67,711	60468	89.3%	5,575	9.2%	1,146	1.9%
5.7%	67,826	60625	89.4%	5,476	9.0%	1,128	1.9%
4.8%	63,396	56536	89.2%	5,430	9.6%	932	1.6%
4.6%	64,708	58795	90.9%	5,137	8.7%	911	1.5%
4.1%	51,462	46227	89.8%	4,451	9.6%	964	2.1%
4.9%	38,074	33207	87.2%	3,855	11.6%	1,021	3.1%
5.1%	37,952	33916	89.4%	3,081	9.1%	923	2.7%
5.1%	43,674	39703	90.9%	3,061	7.7%	923	2.3%
4.4%	45,803	42202	92.1%	2,845	6.7%	875	2.1%
3.6%	48,210	44384	92.1%	2,923	6.6%	984	2.2%
3.4%	50,705	47055	92.8%	2,908	6.2%	945	2.0%
2.0%	51,370	47523	92.5%	2,642	5.6%	871	1.8%
2.2%	52,679	48980	93.0%	2,636	5.4%	1,063	2.2%

著しく低い水準で推移していた．

　しかし，2012（平成24）年からは，件数として約3倍となり，それからほぼ横ばいを保っている．検察庁内の事情なので詳細は不明であるが，被疑者に対する弁解録取時において弁護人選任権に関する告知の仕方又は説明の方法が変わって，被疑者が当番弁護士制度を利用することが比較的容易になった等の事情の変更が推測される．

　委員会による派遣が，1994（平成6）年から現在に至るまで，基本的に年々減少している傾向にある．これは，委員会による派遣は，新聞等による報道を契機として，少年事件に対して派遣されることが比較的多かったところ，近年，少年事件の総数が減少していることが，その理由の一つとして考えられる．また，当番弁護士制度の認知が広がり，新聞等による報道から情報を得て委員会により当番弁護士を派遣する前に，被疑者本人や家族が，当番弁

表6　出動時期（福岡）

年度	全体 (A)申込件数	当日 (B)件数	割合	翌日 (C)件数	割合	翌々日 (D)件数	割合
1992（平成4）年	221	167	75.6%	42	19.0%	5	2.3%
1993（平成5）年	455	326	71.6%	102	22.4%	16	3.5%
1994（平成6）年	722	493	68.3%	165	22.9%	38	5.3%
1995（平成7）年	657	411	62.6%	186	28.3%	41	6.2%
1996（平成8）年	952	544	57.1%	261	27.4%	61	6.4%
1997（平成9）年	1,106	614	55.5%	320	28.9%	62	5.6%
1998（平成10）年	1,354	733	54.1%	473	34.9%	69	5.1%
1999（平成11）年	1,500	877	58.5%	482	32.1%	83	5.5%
2000（平成12）年	1,879	1003	53.4%	617	32.8%	170	9.0%
2001（平成13）年	2,357	1138	48.3%	892	37.8%	212	9.0%
2002（平成14）年	3,063	1342	43.8%	1310	42.8%	289	9.4%
2003（平成15）年	3,537	1570	44.4%	1509	42.7%	337	9.5%
2004（平成16）年	3,541	1682	47.5%	1456	41.1%	298	8.4%
2005（平成17）年	3,810	1842	48.3%	1541	40.4%	332	8.7%
2006（平成18）年	4,016	2131	53.1%	1490	37.1%	308	7.7%
2007（平成19）年	3,744	1908	51.0%	1468	39.2%	256	6.8%
2008（平成20）年	3,842	2009	52.3%	1504	39.1%	238	6.2%
2009（平成21）年	2,851	1505	52.8%	1077	37.8%	157	5.5%
2010（平成22）年	2,314	1268	54.8%	806	34.8%	128	5.5%
2011（平成23）年	1,995	1078	54.0%	736	36.9%	100	5.0%
2012（平成24）年	2,137	1148	53.7%	817	38.2%	99	4.6%
2013（平成25）年	2,221	1225	55.2%	788	35.5%	105	4.7%
2014（平成26）年	2,239	1237	55.2%	816	36.4%	98	4.4%
2015（平成27）年	2,528	1441	57.0%	935	37.0%	63	2.5%
2016（平成28）年	2,590	1422	54.9%	1019	39.3%	49	1.9%
2017（平成29）年	2,493	1460	58.6%	919	36.9%	38	1.5%

※なお（A）と（B）・（C）・（D）・（E）・（F）の合計が一致していないが，その差は誤差といえる程度のものであり有意なものではない．

3日を超える		出動せず		申込件数の前年比	当日+翌日
(E)件数	割合	(F)件数	割合		
1	0.5%		0.000		94.6%
6	1.3%		0.000	105.88%	94.1%
16	2.2%		0.000	58.68%	91.1%
11	1.7%	7	0.011	-9.00%	90.9%
66	6.9%	20	0.021	44.90%	84.6%
77	7.0%	33	0.030	16.18%	84.4%
43	3.2%	36	0.027	22.42%	89.1%
30	2.0%	28	0.019	10.78%	90.6%
45	2.4%	44	0.023	25.27%	86.2%
70	3.0%	45	0.019	25.44%	86.1%
67	2.2%	55	0.018	29.95%	86.6%
73	2.1%	48	0.014	15.48%	87.1%
56	1.6%	49	0.014	0.11%	88.6%
49	1.3%	38	0.010	7.60%	88.8%
49	1.2%	69	0.017	5.41%	90.2%
43	1.1%	60	0.016	-6.77%	90.2%
33	0.9%	88	0.023	2.62%	91.4%
24	0.8%	93	0.033	-25.79%	90.6%
19	0.8%	72	0.031	-18.84%	89.6%
9	0.5%	64	0.032	-13.79%	90.9%
9	0.4%	97	0.045	7.12%	92.0%
8	0.4%	81	0.036	3.93%	90.6%
7	0.3%	81	0.036	0.81%	91.7%
8	0.3%	89.5	0.035	12.91%	94.0%
9	0.3%	93	0.036	2.45%	94.2%
4	0.2%	96.5	0.039	-3.75%	95.4%

護士を申し込むことが多くなったことも影響していると思われる．

8．当番弁護士の連絡者（表5）

表5は，当番弁護士の連絡者（要請者）の割合を福岡と全国で比較したものである．連絡は，被疑者本人による連絡，家族や知人による連絡，委員会派遣に分かれている．

まず，福岡及び全国いずれにおいても，本人による連絡率が最も高い．本人による連絡率が最も低下した年度でも，福岡では77.1％（2010〔平成22〕年），全国では87.2％（同年）の連絡が本人からあった．このように，福岡及び全国いずれにおいても，本人による連絡率が最も高いものの，福岡は全国よりも本人による連絡率がいずれの年度も低く，約4％〜約11％程度の違いがある．

その理由の一つとして，福岡では全国に比して委員会派遣の割合が高いということがある．福岡における委員会派遣の割合は2.0〜5.7％であるところ，全国では1.5〜3.1％に過ぎない．福岡では弁護士会が重大事件を把握し積極的に当番弁護士を派遣していることが窺われる．

もう一つの理由として，福岡では全国に比して家族や知人による連絡率が高いということがある．福岡では，家族や知人による連絡率が概ね10％を超え，近年も10％程度を維持しているところ，全国では概ね10％を下回っており，近年では5％台に低下している．福岡では，当番弁護士の担当者名が新聞に載るなどして当番弁護士制度の市民に対する周知がなされており，そのことが福岡における家族や知人による連絡率の高さの要因になっていると思われる．

9．福岡における当番弁護士の出動時期（表6）

表6は，福岡における当番弁護士の出動時期を分析した表である．「当日」，「翌日」，「翌々日」，「3日を超える接見」，「出動せず」に分かれている．

当日接見の割合が最も高く約44％〜約75％，翌日接見の割合は約19％〜約43％，翌々日接見は1.5％〜9.5％，3日を超える接見は0.2％〜7.0％の割合で推移している．このように，当日接見，翌日接見，翌々日接見，3日を超え

る接見の順に割合が低下している.

当日接見の割合は,制度発足当初は80％に迫る勢いであったが,年々低下し,2002（平成14）年には43.8％まで低下した.その後,徐々に回復傾向にあり,2017（平成29）年には58.6％まで回復している.

2003（平成15）年に当日接見の割合が回復した一つの原因としては,当番弁護士申込件数の増加率が緩やかになったことが挙げられる.具体的には,当番弁護士申込件数増加率（前年比）は,2000（平成12）年から2002（平成14）年にかけて約25〜30％だったが,2003（平成15）年は約15％にとどまり,その後,2004（平成16）年は約0.1％,2005（平成17）年は約7.6％,2006（平成18）年は約5.4％と低い値にとどまった.2002（平成14）年までは,当番弁護士申込件数に対し当日接見に必要な弁護士数を十分に確保できていなかった可能性があり,その後は,必要な弁護士数が確保されていったのではないかと推測される.

2011（平成23）年以降,翌日までの接見の割合が90％を下回ったことはなく,2017（平成29）年には初めて95％を超えた.福岡では,近年,当番弁護士の出動要請後24時間以内の接見がされなかった場合には,刑事弁護センター委員会からその理由を確認されるようになっている.福岡県弁護士会全体として早期接見の必要性の意識付けがされていることが早期接見率上昇の一つの理由といえるだろう.

10. 当番弁護士の出動状況（表7）

表7は,福岡及び全国において,当番弁護士の出動要請の申込みがあってから,弁護士が被疑者・被告人に接見をするまでの時間及びその割合をまとめたものである.

弁護士会が当番弁護士の出動要請を受けてから,当番弁護士が被疑者・被告人に接見するまでにかかる時間は,①24時間以内,②24時間を超えて48時間以内,③48時間超に分けて統計が取られている.

まず,福岡及び全国とも,①24時間以内の接見の割合が,増加傾向にある一方で,②24時間超48時間以内の接見及び③48時間超の接見の割合が,減少傾向にある.

被疑者・被告人の利益のためには,できるだけ早期に接見がなされることが望ましいことから,24時間以内の接見の割合が増え,24時間超の接見の割

合が減少することは，歓迎すべき傾向である．

　次に，福岡では，統計が取られ始めた当初から，①24時間以内の接見の割合が全国よりも低い状況が続いていたものの，平成27年以降は，全国平均を上回っている．福岡県弁護士会刑事弁護センター委員会は，近年，更なる早期接見を実現すべく，会員に対し，研修等において早期接見の重要性を伝え，24時間超の接見の事例があった場合には，担当者に対し，その理由の報告を求める等の活動を行っている．このような活動により，会員の早期接見の意識が高まってきたことが，①24時間以内接見の割合の上昇に表れていると思われる．

11．当番弁護士派遣時の身体拘束状況（表8）

　表8は，福岡及び全国において，当番弁護士制度により派遣された弁護士が初回に接見したときの被疑者・被告人の身体拘束の状況及びその割合をまとめたものである．なお，「捜査終了後」の人数は，全国のデータでは，少年の観護措置決定後の場合と成人の起訴後の場合とで件数が分かれているが，福岡のデータでは，上記二つの場合が合計された件数となっている．

　まず，福岡では，2005（平成17）年から2008（平成20）年まで，逮捕中の割合が20％台を，勾留中の割合が70％台を，それぞれ推移していた．しかし，2010（平成22）年には，逮捕中の割合が48.9％，勾留中の割合が49.7％と近接し，2011（平成23）年以降は，逮捕中の割合が勾留中の割合を上回る状況が続いている．

　また，全国についても，2005（平成17）年から2010（平成22）年までは，逮捕中の割合が勾留中の割合を下回っていたが，2011（平成23）年には，逮捕中の割合と勾留中の割合が近接し，2012（平成24）年以降は，逮捕中の割合が勾留中の割合を上回る状況が続いている．

　これは，2009（平成21）年5月に，被疑者国選弁護対象事件が拡大したことを受け，勾留決定後に被疑者国選弁護人が選任される被疑者が増加し，勾留中の被疑者からの当番弁護士の出動要請が減少したことが大きな原因であると思われる．このことは，勾留中の被疑者からの出動要請が，割合のみならず件数自体が減少傾向にあることからも明らかである．

　次に，福岡と全国を比較すると，福岡の方が，全国よりも，逮捕中の割合が高い状況が継続している．その要因としては，福岡では当番弁護士制度が

表7　当番弁護士の申込から接見までの時間の割合の推移（福岡・全国）

年度	福岡								
	申込件数(A)	24時間以内(B)	割合(B/A)	24時間超48時間以内(C)	割合(C/A)	48時間超(D)	割合(D/A)	不出動(E)	割合(E/A)
2005（平成17）年	3,810	2,727	71.6%	896	23.5%	141	3.7%	46	1.2%
2006（平成18）年	4,016	2,963	73.8%	882	22.0%	133	3.3%	38	0.9%
2007（平成19）年	3,744	2,727	72.8%	846	22.6%	102	2.7%	69	1.8%
2008（平成20）年	3,842	2,831	73.7%	870	22.6%	83	2.2%	60	1.6%
2009（平成21）年	2,851	2,098	73.6%	602	21.1%	63	2.2%	88	3.1%
2010（平成22）年	2,314	1,705	73.7%	467	20.2%	49	2.1%	93	4.0%
2011（平成23）年	1,995	1,518	76.1%	376	18.8%	29	1.5%	72	3.6%
2012（平成24）年	2,137	1,638	76.6%	407	19.0%	28	1.3%	64	3.0%
2013（平成25）年	2,221	1,718	77.4%	384	17.3%	24	1.1%	97	4.4%
2014（平成26）年	2,239	1,798	80.3%	341	15.2%	19	0.8%	81	3.6%
2015（平成27）年	2,528	2,118	83.8%	309	12.2%	20	0.8%	81	3.2%
2016（平成28）年	2,590	2,240	86.5%	246	9.5%	13	0.5%	91	3.5%
2017（平成29）年	2,493	2,241	89.9%	173	6.9%	7	0.3%	72	2.9%

年度	全国								
	申込件数(F)	24時間以内(G)	割合(G/F)	24時間超48時間以内(H)	割合(H/F)	48時間超(I)	割合(I/F)	不明・その他(J)	割合(J/F)
2005（平成17）年	67,711	52,480	77.5%	9,735	14.4%	3,004	4.4%	2,492	3.7%
2006（平成18）年	67,826	52,900	78.0%	9,788	14.4%	2,605	3.8%	2,533	3.7%
2007（平成19）年	63,396	48,789	77.0%	9,764	15.4%	1,799	2.8%	3,030	4.8%
2008（平成20）年	64,708	49,388	76.3%	8,834	13.7%	1,753	2.7%	4,733	7.3%
2009（平成21）年	51,462	39,007	75.8%	6,329	12.3%	1,483	2.9%	4,643	9.0%
2010（平成22）年	38,074	29,180	76.6%	5,017	13.2%	1,040	2.7%	2,837	7.5%
2011（平成23）年	37,952	29,705	78.3%	4,589	12.1%	968	2.6%	2,690	7.1%
2012（平成24）年	43,674	34,493	79.0%	4,936	11.3%	997	2.3%	3,248	7.4%
2013（平成25）年	45,803	36,848	80.4%	4,870	10.6%	901	2.0%	3,184	7.0%
2014（平成26）年	48,210	38,895	80.7%	5,088	10.6%	934	1.9%	3,293	6.8%
2015（平成27）年	50,705	42,231	83.3%	4,253	8.4%	733	1.4%	3,488	6.9%
2016（平成28）年	51,370	43,366	84.4%	3,697	7.2%	634	1.2%	3,673	7.2%
2017（平成29）年	52,980	44,371	83.8%	4,117	7.8%	654	1.2%	3,838	7.2%

より広く周知されていることが考えられる．

12．勾留却下率（表9）

表9は，勾留却下率について福岡と全国を比較したものである．

全国の勾留却下率をみると，2002（平成14）年までは0.2%以下で推移していたが，2003（平成15）年以降は年々増加し，2017（平成29）年には3.85%ま

表8 初回接見時の被疑者・被告人の状況の割合の推移(福岡・全国)

年度	福岡										
	申込件数(A)	逮捕(B)	割合(B/A)	勾留(C)	割合(C/A)	捜査終了後(D)	割合(D/A)	不出動(E)	割合(E/A)	その他・未確認(F)	割合(F/A)
2005(平成17)年	3,810	874	22.9%	2,904	76.2%	32	0.8%				
2006(平成18)年	4,016	949	23.6%	3,000	74.7%	28	0.7%	38	0.9%	1	0.0%
2007(平成19)年	3,744	861	23.0%	2,763	73.8%	50	1.3%	69	1.8%	1	0.0%
2008(平成20)年	3,842	985	25.6%	2,753	71.7%	44	1.1%	60	1.6%	0	0.0%
2009(平成21)年	2,851	1,027	36.0%	1,690	59.3%	46	1.6%	88	3.1%	0	0.0%
2010(平成22)年	2,314	1,044	45.1%	1,150	49.7%	27	1.2%	93	4.0%	0	0.0%
2011(平成23)年	1,995	964	48.3%	933	46.8%	25	1.3%	72	3.6%	1	0.1%
2012(平成24)年	2,137	1,172	54.8%	867	40.6%	32	1.5%	64	3.0%	2	0.1%
2013(平成25)年	2,221	1,299	58.5%	811	36.5%	14	0.6%	97	4.4%	0	0.0%
2014(平成26)年	2,239	1,362	60.8%	780	34.8%	16	0.7%	81	3.6%	0	0.0%
2015(平成27)年	2,528	1,619	64.0%	794	31.4%	34	1.3%	81	3.2%	0	0.0%
2016(平成28)年	2,590	1,791	69.2%	691	26.7%	17	0.7%				
2017(平成29)年	2,493	1,761	70.6%	647	26.0%	12	0.5%				

年度	全国										
	申込件数(G)	逮捕(H)	割合(H/G)	勾留(I)	割合(I/G)	観護措置決定後(J)	割合(J/G)	起訴後(K)	割合(K/G)	不明・その他(L)	割合(L/G)
2005(平成17)年	67,711	12,673	18.7%	52,283	77.2%					2,755	4.1%
2006(平成18)年	67,826	13,700	20.2%	51,029	75.2%			266	0.4%	2,831	4.2%
2007(平成19)年	63,396	12,412	19.6%	48,130	75.9%			854	1.3%	1,872	3.0%
2008(平成20)年	64,708	13,722	21.2%	48,372	74.8%			876	1.4%	1,668	2.6%
2009(平成21)年	51,462	15,521	30.2%	32,364	62.9%	1,505	2.9%	735	1.4%	1,337	2.6%
2010(平成22)年	38,074	15,015	39.4%	18,953	49.8%	2,541	6.7%	535	1.4%	1,030	2.7%
2011(平成23)年	37,952	16,368	43.1%	17,578	46.3%	2,671	7.0%	535	1.4%	800	2.1%
2012(平成24)年	43,674	21,115	48.3%	18,221	41.7%	2,699	6.2%	557	1.3%	1,082	2.5%
2013(平成25)年	45,803	24,513	53.5%	17,138	37.4%	2,629	5.7%	473	1.0%	1,050	2.3%
2014(平成26)年	48,210	27,578	57.2%	16,869	35.0%	2,262	4.7%	532	1.1%	969	2.0%
2015(平成27)年	50,705	30,923	61.0%	16,500	32.5%	1,751	3.5%	650	1.3%	881	1.7%
2016(平成28)年	51,370	33,066	64.4%	15,206	29.6%	1,534	3.0%	522	1.0%	1,041	2.0%
2017(平成29)年	52,980	35,987	67.9%	14,190	26.8%	1,163	2.2%	458	0.9%	1,182	2.2%

で増加している．これは，当番弁護士制度による早期の弁護活動が功を奏している結果であるといえる．

　福岡においても，勾留却下率は増加傾向にある．

表9　勾留許可件数及び勾留却下件数の推移

全国

和暦	勾留請求(A)	勾留許可(B)	勾留許可率(B/A)	勾留却下(C)	勾留却下率(C/A)
1989(平成元)年	77,258	77,182	99.90%	76	0.10%
1990(平成2)年	72,597	72,471	99.83%	126	0.17%
1991(平成3)年	74,682	74,574	99.86%	108	0.14%
1992(平成4)年	77,655	77,545	99.86%	110	0.14%
1993(平成5)年	93,462	93,347	99.88%	115	0.12%
1994(平成6)年	86,971	86,870	99.88%	101	0.12%
1995(平成7)年	87,156	87,058	99.89%	98	0.11%
1996(平成8)年	91,061	90,958	99.89%	103	0.11%
1997(平成9)年	97,359	97,266	99.90%	93	0.10%
1998(平成10)年	99,970	99,781	99.81%	189	0.19%
1999(平成11)年	105,394	105,205	99.82%	189	0.18%
2000(平成12)年	115,625	115,391	99.80%	234	0.20%
2001(平成13)年	121,696	121,489	99.83%	207	0.17%
2002(平成14)年	129,345	129,207	99.89%	138	0.11%
2003(平成15)年	138,900	138,540	99.74%	360	0.26%
2004(平成16)年	141,643	141,148	99.65%	495	0.35%
2005(平成17)年	142,272	141,775	99.65%	497	0.35%
2006(平成18)年	136,685	136,113	99.58%	572	0.42%
2007(平成19)年	127,412	126,544	99.32%	868	0.68%
2008(平成20)年	121,811	120,870	99.23%	941	0.77%
2009(平成21)年	121,398	120,274	99.07%	1,124	0.93%
2010(平成22)年	115,804	114,567	98.93%	1,237	1.07%
2011(平成23)年	111,699	110,373	98.81%	1,326	1.19%
2012(平成24)年	113,617	112,047	98.62%	1,570	1.38%
2013(平成25)年	111,476	109,686	98.39%	1,790	1.61%
2014(平成26)年	109,258	106,806	97.76%	2,452	2.24%
2015(平成27)年	109,845	106,979	97.39%	2,866	2.61%
2016(平成28)年	105,669	102,089	96.61%	3,580	3.39%
2017(平成29)年	101,258	97,357	96.15%	3,901	3.85%

福岡

和暦	勾留請求(D)	勾留許可(E)	勾留許可率(E/D)	勾留却下(F)	勾留却下率(F/D)
1989(平成元)年	3,886	3,879	99.82%	7	0.18%
1990(平成2)年	3,576	3,569	99.80%	7	0.20%
1991(平成3)年	3,661	3,649	99.67%	12	0.33%
1992(平成4)年	3,510	3,501	99.74%	9	0.26%
1993(平成5)年	3,579	3,565	99.61%	14	0.39%
1994(平成6)年	3,953	3,939	99.65%	14	0.35%
1995(平成7)年	3,646	3,634	99.67%	12	0.33%
1996(平成8)年	4,036	4,029	99.83%	7	0.17%
1997(平成9)年	4,145	4,141	99.90%	4	0.10%
1998(平成10)年	4,279	4,271	99.81%	8	0.19%
1999(平成11)年	4,484	4,472	99.73%	12	0.27%
2000(平成12)年	5,048	5,035	99.74%	13	0.26%
2001(平成13)年	5,531	5,509	99.60%	22	0.40%
2002(平成14)年	5,850	5,835	99.74%	15	0.26%
2003(平成15)年	6,376	6,366	99.84%	10	0.16%
2004(平成16)年	2,984	2,975	99.70%	9	0.30%
2005(平成17)年	6,385	6,369	99.75%	16	0.25%
2006(平成18)年	6,329	6,320	99.86%	9	0.14%
2007(平成19)年	5,943	5,923	99.66%	20	0.34%
2008(平成20)年	5,904	5,872	99.46%	32	0.54%
2009(平成21)年	5,862	5,824	99.35%	38	0.65%
2010(平成22)年	5,818	5,751	98.85%	67	1.15%
2011(平成23)年	5,263	5,161	98.06%	102	1.94%
2012(平成24)年	5,162	5,089	98.59%	73	1.41%
2013(平成25)年	4,952	4,906	99.07%	46	0.93%
2014(平成26)年	4,926	4,886	99.19%	40	0.81%
2015(平成27)年	5,386	5,280	98.03%	106	1.97%
2016(平成28)年	5,089	4,952	97.31%	137	2.69%

検察統計年報「最高検、高検及び地検管内別　既済となった事件の被疑者の逮捕及び逮捕後の措置別人員－自動車による過失致死傷等及び道路交通法違反被疑事件を除く－」をもとにしたもの．上記の「勾留請求」とは，同資料の「勾留許可」と「勾留却下」の数を合算した数値である．

表10　既済事件における被疑者の終局処分の件数及び割合の変遷

全国

和暦	総数(A)	家裁送致(B)	割合(B/A)	総数-家裁送致(C)	公判請求(D)	割合(D/C)	略式命令請求(E)	割合(E/C)	死亡(F)	割合(F/C)	釈放(G)	割合(G/C)
1989(平成元)年	77,186	7,612	9.9%	69,574	42,764	61.5%	9,535	13.7%	4	0.0%	17,271	22.4%
1990(平成2)年	72,479	7,091	9.8%	65,388	39,436	60.3%	9,023	13.8%	5	0.0%	16,924	23.4%
1991(平成3)年	74,591	7,543	10.1%	67,048	40,323	60.1%	8,985	13.4%	5	0.0%	17,735	23.8%
1992(平成4)年	77,560	7,677	9.9%	69,883	41,178	58.9%	8,598	12.3%	7	0.0%	20,100	25.9%
1993(平成5)年	84,353	7,593	9.0%	76,760	44,229	57.6%	9,398	12.2%	7	0.0%	23,126	27.4%
1994(平成6)年	86,881	7,667	8.8%	79,214	45,874	57.9%	9,887	12.5%	6	0.0%	23,447	27.0%
1995(平成7)年	87,068	7,649	8.8%	79,419	47,698	60.1%	9,636	12.1%	7	0.0%	22,078	25.4%
1996(平成8)年	90,967	8,212	9.0%	82,755	50,292	60.8%	10,164	12.3%	10	0.0%	22,289	24.5%
1997(平成9)年	97,270	9,885	10.2%	87,385	52,903	60.5%	10,883	12.5%	3	0.0%	23,596	24.3%
1998(平成10)年	99,765	10,932	11.0%	88,833	54,144	61.0%	10,989	12.4%	11	0.0%	23,689	23.7%
1999(平成11)年	105,202	11,510	10.9%	93,692	58,566	62.5%	10,874	11.6%	10	0.0%	24,242	23.0%
2000(平成12)年	115,390	13,200	11.4%	102,190	63,390	62.0%	12,682	12.4%	9	0.0%	26,109	22.6%
2001(平成13)年	121,501	14,220	11.7%	107,281	66,693	62.2%	13,189	12.3%	9	0.0%	27,390	22.5%
2002(平成14)年	129,218	14,268	11.0%	114,950	70,795	61.6%	13,588	11.8%	5	0.0%	30,562	23.7%
2003(平成15)年	138,552	15,302	11.0%	123,250	75,108	60.9%	14,838	12.0%	6	0.0%	33,298	24.0%
2004(平成16)年	141,153	13,749	9.7%	127,404	78,027	61.2%	15,012	11.8%	10	0.0%	34,355	24.3%
2005(平成17)年	141,779	12,427	8.8%	129,352	76,879	59.4%	15,164	11.7%	8	0.0%	37,301	26.3%
2006(平成18)年	136,119	11,208	8.2%	124,911	72,580	58.1%	16,283	13.0%	5	0.0%	36,053	26.5%
2007(平成19)年	126,558	9,849	7.8%	116,709	67,275	57.6%	16,022	13.7%	8	0.0%	33,404	26.4%
2008(平成20)年	120,884	9,290	7.7%	111,594	63,453	56.9%	14,607	13.1%	10	0.0%	33,524	27.7%
2009(平成21)年	120,318	8,991	7.5%	111,327	63,092	56.7%	13,429	12.1%	6	0.0%	34,800	28.9%
2010(平成22)年	114,592	8,303	7.2%	106,289	58,741	55.3%	13,387	12.6%	10	0.0%	34,151	29.8%
2011(平成23)年	110,410	8,272	7.5%	102,138	55,435	54.3%	13,354	13.1%	7	0.0%	33,342	30.2%
2012(平成24)年	112,074	7,675	6.8%	104,399	52,994	50.8%	13,943	13.4%	13	0.0%	37,449	33.4%
2013(平成25)年	109,710	7,235	6.6%	102,475	50,140	48.9%	12,568	12.3%	8	0.0%	39,759	36.2%
2014(平成26)年	106,825	6,464	6.1%	100,361	49,330	49.2%	11,625	11.6%	13	0.0%	39,393	36.9%
2015(平成27)年	106,993	5,897	5.5%	101,096	49,935	49.4%	10,498	10.4%	10	0.0%	40,653	38.0%
2016(平成28)年	102,107	5,094	5.0%	97,013	46,591	48.0%	9,859	10.2%	9	0.0%	40,554	39.7%
2017(平成29)年	97,372	4,595	4.7%	92,777	43,975	47.4%	8,836	9.5%	10	0.0%	39,956	41.0%

福岡

和暦	総数(H)	家裁送致(I)	割合(I/H)	総数-家裁送致(J)	公判請求(K)	割合(K/J)	略式命令請求(L)	割合(L/J)	死亡(M)	割合(M/J)	釈放(N)	割合(N/J)
1989(平成元)年	3,879	330	8.5%	3,549	2,303	64.9%	458	12.9%	0	0.0%	788	22.2%
1990(平成2)年	3,570	223	6.2%	3,347	2,159	64.5%	492	14.7%	0	0.0%	696	20.8%
1991(平成3)年	3,650	241	6.6%	3,409	2,201	64.6%	449	13.2%	0	0.0%	759	22.3%
1992(平成4)年	3,501	247	7.1%	3,254	2,137	65.7%	417	12.8%	0	0.0%	700	21.5%
1993(平成5)年	3,567	301	8.4%	3,266	2,184	66.9%	344	10.5%	0	0.0%	738	22.6%
1994(平成6)年	3,940	346	8.8%	3,594	2,393	66.6%	405	11.3%	0	0.0%	796	22.1%
1995(平成7)年	3,634	335	9.2%	3,299	2,068	62.7%	402	12.2%	1	0.0%	828	25.1%
1996(平成8)年	4,030	377	9.4%	3,653	2,331	63.8%	490	13.4%	0	0.0%	832	22.8%
1997(平成9)年	4,141	476	11.5%	3,665	2,252	61.4%	460	12.6%	0	0.0%	953	26.0%
1998(平成10)年	4,271	481	11.3%	3,790	2,316	61.1%	463	12.2%	1	0.0%	1,010	26.6%
1999(平成11)年	4,472	527	11.8%	3,945	2,652	67.2%	487	12.3%	0	0.0%	806	20.4%
2000(平成12)年	5,035	563	11.2%	4,472	3,169	70.9%	456	10.2%	0	0.0%	847	18.9%
2001(平成13)年	5,509	684	12.4%	4,825	3,307	68.5%	529	11.0%	0	0.0%	989	20.5%
2002(平成14)年	5,835	696	11.9%	5,139	3,272	63.7%	592	11.5%	0	0.0%	1,275	24.8%
2003(平成15)年	6,366	865	13.6%	5,501	3,499	63.6%	718	13.1%	0	0.0%	1,284	23.3%
2004(平成16)年	6,336	788	12.4%	5,548	3,549	64.0%	714	12.9%	0	0.0%	1,285	23.2%
2005(平成17)年	6,369	669	10.5%	5,700	3,541	62.1%	756	13.3%	0	0.0%	1,403	24.6%
2006(平成18)年	6,321	771	12.2%	5,550	3,355	60.5%	764	13.8%	1	0.0%	1,430	25.8%
2007(平成19)年	5,924	651	11.0%	5,273	3,068	58.2%	716	13.6%	0	0.0%	1,489	28.2%
2008(平成20)年	5,873	618	10.5%	5,255	3,005	57.2%	693	13.2%	0	0.0%	1,557	29.6%
2009(平成21)年	5,824	557	9.6%	5,267	3,134	59.5%	712	13.5%	0	0.0%	1,421	27.0%
2010(平成22)年	5,751	435	7.6%	5,316	3,020	56.8%	696	13.1%	0	0.0%	1,600	30.1%
2011(平成23)年	5,165	415	8.0%	4,750	2,588	54.5%	569	12.0%	0	0.0%	1,593	33.5%
2012(平成24)年	5,090	398	7.8%	4,692	2,514	53.6%	525	11.2%	0	0.0%	1,653	35.2%
2013(平成25)年	4,908	350	7.1%	4,558	2,495	54.7%	436	9.6%	1	0.0%	1,626	35.7%
2014(平成26)年	4,886	368	7.5%	4,518	2,582	57.1%	430	9.5%	2	0.0%	1,504	33.3%
2015(平成27)年	5,280	350	6.6%	4,930	2,925	59.3%	403	8.2%	1	0.0%	1,601	32.5%
2016(平成28)年	4,952	299	6.0%	4,653	2,630	56.5%	409	8.8%	0	0.0%	1,614	34.7%

検察統計年報「最高検、高検及び地検管内別　既済となった事件の被疑者の勾留後の措置，勾留期間別及び勾留期間延長の許可，却下別人員一自動車による過失致死傷及び道路交通法等違反事件を除く―」より．

13. 既済事件における被疑者の終局処分の総数，公判請求の件数，略式命令請求の件数，家裁送致の件数，死亡件数，釈放件数（表10）

表10は，既済事件における被疑者の終局処分の総数から家裁送致件数を差し引いて家裁送致以外の被疑者の終局処分の件数を算出したうえで，そのうちの公判請求の件数，略式命令請求の件数，死亡件数，釈放件数について，割合を含めて，全国と福岡のデータを列挙し比較したものである．

(1) 家裁送致以外の終局処分の総数について

全国では，1989（平成元）年から2005年（平成17）年にかけて増加傾向にあったが，同年をピークとして2017（平成29）年まで，減少傾向にある．

この点は，福岡でも同様の傾向を示している．

(2) 公判請求の件数及び割合について

1) 公判請求の件数

全国では，終局処分の総数と同じような傾向がみられる．1989（平成元）年から2004（平成16）年にかけて増加傾向にあったが，同年をピークとして2017（平成29）年まで，減少傾向にある．

この点は，福岡でも同様の傾向を示している．

2) 公判請求の割合

全国では，1999（平成11）年の62.5％の割合が一番高くなっている．その後，微減しながら，2012（平成24）年に初めて割合が50％を割り込み，現在まで微減傾向が継続している．

福岡では，2000（平成12）年の70.9％の割合が一番高い割合になっている．その後，微減しているが，50％の割合を下回ったのは，2012（平成24）年の1回のみである．全国と比較すると，福岡の公判請求の件数の割合は数％ではあるが，総じて高いものとなっている．

(3) 略式命令請求の件数及び割合について

1) 略式命令請求の件数

全国では，1989（平成元）年から2006（平成18）年にかけて増加の一途をたどり，同年をピークに近年まで減少を示している．

表11　弁護関係別・被疑者段階選任率の推移

全国

	終局総人員(A)	弁護人の就いた被告人(B)	割合(B/A)	被疑者段階から(C)	割合(C/B)	うち私選(D)	割合(D/C)	うち国選(E)	割合(E/C)
2007(平成19)年	70,610	69,515	98.4%	15,928	22.9%	9,891	62.1%	5,227	32.8%
2008(平成20)年	67,644	66,736	98.7%	14,920	22.4%	10,096	67.7%	3,964	26.6%
2009(平成21)年	65,875	65,216	99.0%	26,832	41.1%	9,860	36.7%	16,108	60.0%
2010(平成22)年	62,840	62,401	99.3%	40,329	64.6%	7,390	18.3%	32,465	80.5%
2011(平成23)年	57,968	57,628	99.4%	38,557	66.9%	6,235	16.2%	31,675	82.2%
2012(平成24)年	56,734	56,393	99.4%	38,601	68.4%	6,817	17.7%	31,784	82.3%
2013(平成25)年	52,229	51,944	99.5%	36,419	70.1%	7,038	19.3%	29,381	80.7%
2014(平成26)年	52,502	52,265	99.5%	36,343	69.5%	7,155	19.7%	29,188	80.3%
2015(平成27)年	54,297	54,039	99.5%	37,178	68.8%	7,761	20.9%	29,417	79.1%
2016(平成28)年	53,247	53,010	99.6%	36,082	68.1%	7,692	21.3%	28,390	78.7%

福岡

	終局総人員(F)	弁護人の就いた被告人(G)	割合(G/F)	被疑者段階から(H)	割合(H/G)	うち私選(I)	割合(I/H)	うち国選(J)	割合(J/H)
2007(平成19)年	2,935	2,906	99.0%	577	19.9%	346	60.0%	209	36.2%
2008(平成20)年	2,855	2,828	99.1%	618	21.9%	358	57.9%	244	39.5%
2009(平成21)年	3,015	2,985	99.0%	1,293	43.3%	497	38.4%	758	58.6%
2010(平成22)年	3,311	3,301	99.7%	2,177	65.9%	355	16.3%	1,801	82.7%
2011(平成23)年	3,016	3,008	99.7%	2,029	67.5%	282	13.9%	1,717	84.6%
2012(平成24)年	2,783	2,764	99.3%	1,864	67.4%	286	15.3%	1,578	84.7%
2013(平成25)年	2,564	2,556	99.7%	1,779	69.6%	312	17.5%	1,467	82.5%
2014(平成26)年	2,671	2,665	99.8%	1,850	69.4%	359	19.4%	1,491	80.6%
2015(平成27)年	2,999	2,988	99.6%	2,054	68.7%	421	20.5%	1,633	79.5%
2016(平成28)年	3,048	3,040	99.7%	2,084	68.6%	459	22.0%	1,625	78.0%

司法統計年報（刑事編）「通常第一審事件の終局総人員―弁護関係別―地方裁判所管内全地方裁判所別」より．
平成18年の被疑者段階から弁護人が就いた被告人の人数は，平成18年10月から12月までの人員．

福岡でも，全く同じ傾向を示している．

2) 略式命令請求の割合

全国では，上記のとおり，件数については一定の増減があるものの，その割合については，2014（平成26）年頃までは11～13％の付近を前後していたが，2015（平成27）年以降は減少傾向にある．

福岡では，7～13％の付近を前後している．近年では，割合が減少しつつあるのは，全国と同様である．

⑷ **釈放件数及び割合について**

全国及び福岡とも増加傾向にある．

⑸ **分析**

まず指摘すべきは，釈放の割合の増加である．これは，多くの事件で被疑者段階から弁護人が選任されるようになって，被害者との示談交渉等を含め弁護活動が功を奏したことにより，以前であれば公判請求をされたり略式命令による罰金刑とされたりしていた事案が，不起訴処分となっていると考えられる．

ここでも当番弁護士制度導入の成果が表れているといえる．

14．弁護人選任率及びその私選国選の割合の推移（表11）

表11は，判決を受けた被告人のうち公判段階で弁護人が選任されていた被告人の人数と割合を出したうえで，その弁護人が被疑者段階から選任されていた被告人の人数と割合を出し，さらに，その被疑者段階からの弁護人の国選・私選の別で人数と割合を出したものである．

まず，被疑者段階からの弁護人選任率については，被疑者国選弁護対象事件が重大事件に限定されていた2008（平成20）年までは，全国，福岡いずれも20％前後であったのが，5月に被疑者国選弁護対象事件が拡大した2009（平成21）年には40％台まで上昇し，2010（平成22）年以降は，全国，福岡いずれも概ね60％台後半を推移している．

次に，被疑者段階からの弁護人のうち国選の割合をみると，2008（平成20）年までは，全国，福岡いずれも25～40％にとどまっていたのが，2009（平成21）年には全国，福岡いずれも約60％に上昇し，2010（平成22）年以降は，全国，福岡いずれも80％前後で推移している．

被疑者段階の弁護人選任率と被疑者段階の弁護人のうちの国選の割合は，完全な相関関係にあり，被疑者国選弁護人制度の導入や対象事件の拡大に伴って，被疑者段階での弁護人選任率が大幅に引き上げられたことが分かる．

2018（平成30）年6月に被疑者国選弁護対象事件が勾留全件に拡大したことを受けて，今後は，被疑者段階からの弁護人選任率が更に高まることが予想される．

また，被疑者段階の弁護人のうち私選の割合をみると，2009（平成

21）年5月の被疑者国選弁護対象事件の拡大を受けて，2011（平成23）年までは，全国，福岡いずれも急落しているものの，2012（平成24）年以降は，全国，福岡ともに微増傾向にある．

　このことから，被疑者国選弁護制度の拡大によって，被疑者段階での弁護活動の重要性が広く意識され，被疑者段階からの私選弁護人選任に繋がっていることが窺われる．

15．裁判官による処分に対する準抗告申立件数及び認容件数（表12）

　表12は，裁判官による処分に対する準抗告申立件数及び認容件数を挙げたうえで，申立件数に対する認容率と申立件数及び認容件数の増加率（前年比と平成元年比）を算出したものである．

　申立件数は年々次第に増加し，2016（平成28）年には1989（平成元）年の約12.5倍となっており，認容件数も年々増加し，2016（平成28）年には1989（平成元）年の約13.4倍となっている．この間，認容率は約17〜約20％と概ね変化がない．これらから質を維持したまま早期かつ実効的な弁護活動が拡充してきたことが窺える．

　また，被疑者国選弁護制度との関係も興味深い．被疑者国選弁護制度は，①2006（平成18）年10月に開始され，②2009（平成21）年5月に拡大，③2018（平成30）年6月には勾留全件に拡大されているが，①②の年は申立件数が前年よりも大幅に増加している．申立件数前年比は，2006（平成18）年は約26％増，2009（平成21）年は37％増となっている（なお，申立件数前年比増加率の平均値は約10％である）．

　被疑者国選弁護制度の開始・拡大により，確実に被疑者段階での弁護活動が充実している．

表12　裁判官による処分に対する準抗告申立件数及び認容件数

	申立件数 (A)	認容件数 (B)	割合 (B/A)	申込件数 前年比	申込件数 対元年比	認容件数 対元年比
1989(平成元)年	887	158	17.8%		1	1
1990(平成2)年	1,159	200	17.3%	30.66%	1.30%	1.26%
1991(平成3)年	1,222	245	20.0%	5.43%	1.37%	1.55%
1992(平成4)年	1,166	243	20.8%	-4.58%	1.31%	1.53%
1993(平成5)年	1,586	332	20.9%	36.02%	1.78%	2.10%
1994(平成6)年	1,494	300	20.1%	-5.80%	1.68%	1.89%
1995(平成7)年	1,598	292	18.3%	6.96%	1.80%	1.84%
1996(平成8)年	1,699	320	18.8%	6.32%	1.91%	2.02%
1997(平成9)年	1,710	291	17.0%	0.64%	1.92%	1.84%
1998(平成10)年	1,665	296	17.8%	-2.63%	1.87%	1.87%
1999(平成11)年	1,761	326	18.5%	5.76%	1.98%	2.06%
2000(平成12)年	2,133	371	17.4%	21.12%	2.40%	2.34%
2001(平成13)年	2,176	390	17.9%	2.01%	2.45%	2.46%
2002(平成14)年	2,443	435	17.8%	12.27%	2.75%	2.75%
2003(平成15)年	2,423	427	17.6%	-0.81%	2.73%	2.70%
2004(平成16)年	2,624	502	19.1%	8.29%	2.95%	3.17%
2005(平成17)年	2,876	542	18.8%	9.60%	3.24%	3.43%
2006(平成18)年	3,625	740	20.4%	26.04%	4.08%	4.68%
2007(平成19)年	4,213	945	22.4%	16.22%	4.74%	5.98%
2008(平成20)年	4,706	1,005	21.4%	11.70%	5.30%	6.36%
2009(平成21)年	6,461	1,355	21.0%	37.29%	7.28%	8.57%
2010(平成22)年	7,172	1,327	18.5%	11.00%	8.08%	8.39%
2011(平成23)年	7,605	1,371	18.0%	6.03%	8.57%	8.67%
2012(平成24)年	9,016	1,577	17.5%	18.55%	10.16%	9.98%
2013(平成25)年	9,438	1,512	16.0%	4.68%	10.64%	9.56%
2014(平成26)年	9,570	1,780	18.6%	1.39%	10.78%	11.26%
2015(平成27)年	10,323	2,018	19.5%	7.86%	11.63%	12.77%
2016(平成28)年	10,868	2,115	19.5%	5.27%	12.25%	13.38%

司法統計年報(刑事編)「刑事雑事件の種類別新受人員一全裁判所及び最高、全高等・地方・簡易裁判所」より．

第3部
当番弁護士・ 被疑者国選弁護制度による 刑事手続の変化

◉第3部／当番弁護士・被疑者国選弁護制度による刑事弁護の変化

【若手座談会】

1 若手弁護士，当番弁護を語る
弁護士・弁護士会のこれまでとこれから

出席者

石井　謙一（福岡部会・59期，けやき通り法律事務所）
安孫子健輔（福岡部会・62期，安原・松村・安孫子法律事務所）
緒方　枝里（福岡部会・62期，九州合同法律事務所）
服部　貴明（北九州部会・63期，さきがけ法律事務所）
髙松　賢介（福岡部会・65期，萬年総合法律事務所）
平田　えり（福岡部会・65期，弁護士法人北浜法律事務所福岡事務所）
松﨑広太郎（筑後部会・66期，かばしま法律事務所）

コーディネーター

甲木　真哉（福岡部会・55期，鴻和法律事務所）

＊2017（平成29）年4月6日　福岡県弁護士会館会議室にて．所属部会・所属事務所は座談会当時のもの．

1．自己紹介

甲木 皆さん，今日はお集まりいただきましてありがとうございます．今回は，刑事弁護等委員会の副委員長をしています甲木がコーディネーターを務めさせていただきます．それでは最初に，今日お集りいただいた皆さんに簡単に自己紹介をお願いしたいと思います．

石井 石井謙一と申します．修習期は59期です．事務所は全部で弁護士は5名で，元々はいわゆる「ノキ弁」[*1]として入って，今は，他の先輩弁護士と同様に事務所経費を負担しているという立場になります．僕自身の刑事弁護のルーツとしては，裁判所の職員をやっていた時期にほぼ毎日刑事公判に立ち会っており，弁護士になる前から様々な刑事事件に接していたことで関心を持っていました．また，私の事務所には，いわゆる「ヤメ検」[*2]の弁護士がいまして，悩むことがあれば意見交換を行えるなど，環境に恵まれている点も大きかったと思います．そういった経緯もあり，私は，若手の頃から割と積極的に刑事事件に関わってきたつもりではあります．

安孫子 安孫子健輔といいます．修習期は62期になります．事務所は，私が登録したときは，2人のパートナー[*3]とイソ弁[*4]の私の3名体制でした．4年ほどして私もパートナー弁護士になり，その後1名加入して現在は4名体制となっています．

　私の事務所の弁護士は，私も含め，刑事弁護を集中してやっているという感じではないですが，刑事事件には接しています．私も，特段好きというほどではないのですが，依頼があった場合は必ず受けています．少年事件については，福岡県弁護士会の子どもの権利委員会に所属していますので，よく受けています．新人研修のサポート弁護士として少年事件に関わることもあ

[*1] 法律事務所の「軒先」を借りて仕事をしている弁護士という意味の業界用語．事務所から給与をもらわず，自分が直接受任した事件収入で生計を立てている弁護士を指す．
[*2] もともと検事だったが，検事の仕事を辞めて弁護士になった人を指す業界用語．検事時代の経験を活かし，刑事事件の依頼が多い人が少なくない．
[*3] 共同経営の形態をとっている法律事務所の共同経営者を指す．
[*4] 勤務弁護士を指す業界用語．「居候弁護士」が語源であるが，実際には事務所から給与をもらって勤務している．

りますし，過去に関わった少年と会うこともあります．子どもの虐待事案に接することも多いです．

緒方 緒方枝里と申します．修習期は安孫子弁護士と同じ62期です．所属事務所は弁護士5名の事務所になります．うちの事務所は1年目から共同経営者ということで個人事件や事務所事件といった枠や括りがありませんので，すべて自分の事件として受けることになります．ですので，刑事事件についても登録1年目から通常どおりに受けていました．うちの事務所も，刑事事件に特に力を入れているという先輩がいるわけではないですが，事務所の久保井摂弁護士（41期）が無罪事件を2度か3度か取ったことがあるというふうに聞いています．私も，刑事事件に関わる以上，いつか無罪事件を取りたいと思って頑張っていますが，これまでほとんど否認事件を担当したことがないこともあってまだ無罪判決を得たことはありません．将来，いつか，無罪事件を取りたいなという気持ちでいます．

服部 北九州部会[*5]の服部貴明です．修習期は63期です．私は，「即独」[*6]で同期の弁護士と一緒に事務所を始めてみました．現在も，登録時のまま弁護士2名で事務所を共同経営しています．事件については完全に別々で，経費についても事務所口座に定額を入れているだけです．刑事事件に関しては，消極的な理由になるのですが，民事事件は長くて嫌だなと思うところがある一方，刑事事件はさくさくと数ヵ月で終わってしまうことが多いところが好きです．それで，なるべく当番弁護士や被疑者国選の担当が回ってくるように多重登録[*7]しているぐらいです．少年事件もどちらかというと好きなので，なるべくやるようにしています．

髙松 髙松賢介です．修習期は65期です．所属事務所には，現在，弁護士が12名在籍しています．私は，弁護士5年目で，いわゆる「イソ弁」として勤務をしています．刑事事件については，事務所自体が私選の刑事事件も比較的多い事務所でして，弁護士1年目から複数の私選事件を担当しています．裁判員裁

---

*5 福岡県弁護士会は，全国でも珍しく会内で「部会制」がとられており，地域毎に「福岡部会」「北九州部会」「筑後部会」「筑豊部会」の4つの部会が存在している．

*6 弁護士登録と同時に独立開業することや開業した弁護士のことを指す業界用語．

*7 福岡県弁護士会では一部の部会において，希望する弁護士に，他の弁護士よりも多く当番弁護士や被疑者国選の担当日を割り当てる多重登録制度が存在する．

判についても，3件経験し，現在4件目を担当しているところです．所長が，元々，当番弁護士制度の立ち上げに関与していたというところもあって，刑事事件については私も非常に関心を持っていますし，所長から当時の話を聞くこともありますので，今日は皆さんの意見もいろいろ聞ければと思っています．

平田 平田えりと申します．修習期は65期です．所属事務所は大阪と東京と福岡に拠点があります．全員合わせると80名程度の弁護士が所属しており，福岡事務所は，現在，合計7名でやっています．私もやはり「イソ弁」の立場です．刑事事件との関わりについては，公職選挙法違反の事案で一度だけ私選事件を担当した以外は，ほぼ国選オンリーという形でやっています．少年事件に関しては，特に関心をもっています．というのも，私は，結構，少年に気持ちが入り込んでしまうところがあり，時間は取られるのですが，その分すごくやり甲斐を感じるからです．少年院に行くことになっても，退院後，食事に連れて行ったり，事務所で会ったりするなどして，少年に「こういう大人もいる」ということを知ってもらえたらという気持ちで活動しています．

松﨑 筑後部会に所属しております．修習期は66期です．所属事務所は，現在，裁判官の出向者を含め10名です．若い弁護士が多いので，私は66期と比較的に期は若いですが，上から3番目になります．ただ，立場としては「イソ弁」で，国選弁護報酬もすべて事務所に入れる扱いとなっています．刑事事件に関しては，比較的積極的にやっており，先日，福岡部会の上田國廣弁護士（24期）と裁判員裁判を一緒に担当する機会があり，貴重な経験をさせていただきました．

2．被疑者国選の大幅拡大と弁護の変化

甲木 本日は59期以降の比較的若手の先生方に集まっていただきました．今のそれぞれの自己紹介からも分かるとおり，事務所の中での立場もバラエティに富んでいますし，刑事事件との関わりも皆さんそれぞれだと思いますので，それぞれの立場からいろいろな話を聞かせてもらえればと思います．

　本日の座談会のテーマは「当番弁護士制度」です．当番弁護士制度は，弁護士会が手弁当で始めた制度であり，それを維持・発展させてきたことが認められて，最終的には，国の制度としての「被疑者国選制度」が導入された

といえます．今回の参加者でいうと，石井弁護士が弁護士登録したタイミングでちょうど被疑者国選制度が始まったということになります．

　当初の被疑者国選対象事件の範囲は非常に狭かったですが，安孫子弁護士や緒方弁護士が登録した頃が，被疑者国選の範囲が大幅に拡大した時期になります．そこで，まず，最初に石井弁護士から，当番弁護士制度や被疑者国選制度の移り変わりについて，どのように映ってきたかということを話していただけますか．

石井　率直に申し上げますと，手続的なところが結構ややこしいという印象が非常に強かったです．被疑者国選制度が導入される経過に関わったわけではありませんので，弁護士になったらすでに被疑者国選制度ができていた，という感じでした．恩恵だけ受けているという立場でしたので，当番弁護士制度や被疑者国選制度導入の経緯・意義といった点は，登録当時はあんまり考えずにやっていたなという感じがします．ただ，長い間，公的な被疑者弁護制度がなく，弁護士会が自腹で制度を創設し維持してきたものが最終的には国を動かし制度化されたことを，手続面も含めて体感はしていました．

甲木　煩雑さという意味で言うと，「被疑者弁護援助」との違いがありますね．初期の頃，被疑者国選対象事件の範囲が限定されていた関係で，件数が多かったのが被疑者弁護援助でした．

　この制度では，報告さえすれば定額で報酬が入ってきます．

　それが，被疑者国選では，活動内容の報告によって報酬金額が変わるという制度であるため，かなり細かな事項まで報告しなければならなくなりました．そのあたりは，実際にやっていてどんな印象を持っていましたか．

石井　正直申し上げて，別に，報酬が高かろうが低かろうが，あんまり興味は持っていないところではあったので，面倒な手続は省略して，ポンと定額で払ってくれた方が正直いいなと思いながらやっていたと思います．

甲木　平田弁護士や松﨑弁護士が登録したときには，すでに今の被疑者国選制度がある意味当然の制度になっていて，国選事件であっても，被疑者段階から担当するということが多くなり，被告人段階から弁護を担当するという事件は逆に珍しいという状況になっていたと思います．

　昔は，否認事件などであっても，被疑者段階には弁護士が付いていないということが相当数あったという状況だったわけですが，そういう状況って想

像できますか.

平田 私が弁護士登録した当初からインフラが整備され，被疑者弁護が当然の前提のようなイメージがありました．ですので，振り返って，否認事件でも被疑者段階から弁護人が付いていないという状況はあまり想像できません．インフラが整備されてしまっていた後でしたので，当然の前提になっていたように思います.

松﨑 被疑者国選制度が始まったタイミングが2006（平成18）年だということ自体，今初めて知りましたので，そんなに最近の話なのかと思ったというのが率直な感想ですね．制度がなかった時代は，弁護人というのは，経済的に裕福な人が，私選で付けるものだったのであろうという漠然とした印象を持ちました.

甲木 松﨑弁護士は，先日行われた刑事弁護研究会[*8]で，殺人既遂の被疑事実で逮捕されて，起訴段階では傷害致死に罪名落ちした事件の報告をされていましたね．その事件では，殺人既遂での逮捕の前に，窃盗の被疑事実で逮捕されて担当されていたと聞いております．その事件で当番弁護士制度も被疑者国選制度もなかったと仮定して考えてみてください．被疑者国選制度がなかった時期であれば国選弁護人が付かないという状況が想定され，当番弁護士制度導入前であれば，そもそも弁護士に相談すらできないという状況が考えられます．そういうことを考えると，いかがですか.

松﨑 その事件では，被疑者段階において，ポリグラフ検査を警察官にされそうになったことがありました．もし，弁護人の関与が早期の段階からなければ，ポリグラフ検査などを用いた強引な捜査や取調べが横行することになるのではないかと危惧されます.

甲木 安孫子弁護士や緒方弁護士は，今[*9]の被疑者国選制度になった直後に弁護士登録されて，その後，多くの被疑者国選事件を担当されてきたかと思います．そういった経験を踏まえて，被疑者段階に弁護士が関わる状況というのを生み出した当番弁護士制度の意義をどう考えますか.

安孫子 私が自分で事件を担当するようになったときは，すでに今の国選制度になっていて，受験時代にちょうど，「被疑者国選制度が出来ますよ」と

---

*8 福岡県弁護士会において刑事弁護等委員会の主催でほぼ毎月開催されている若手中心の刑事弁護の勉強会.
*9 座談会当時

か「拡がりますよ」といった話を聞いていた程度でしたが，対象事件が拡大するとどうなるかといったイメージも全然持てていませんでした．弁護士になって実際に事件を担当し始めて思ったのは，被告人段階はそんなに動きも出てこないし，手続もあらかた型が決まっていて，特に自白事件の場合は活動が限られている印象を受けました．それに比べると，被疑者段階というのは，被疑者本人との関係作りもそうですし，不起訴に向けての活動でいろんな人と連絡を取ったり，足を使って動いたりというところが，弁護人としての立場からもやり甲斐を感じるところがありました．被疑者にとっても，不起訴になる可能性というか，不当な起訴がないような形できちっと弁護士が動いてくれるというのは大きな意味があったのではないかと思います．

　そのような被疑者段階の弁護活動がないという状況を，今日ここに来るまで想像もしたことがありませんでした．お金がない人は被疑者弁護を受けられないという状況は，被疑者・被告人の立場から見ても弁護士の立場から見ても，非常に問題がある状況というか，「片手落ち」以上に落ちている感じがします．被疑者段階でかなり勝負が決まるなというのは最初から経験ができていたので，被疑者国選制度が創設されたということは非常に大きな意義があったと思います．

甲木　被告人段階からの弁護活動というのは，捜査段階である程度出来上がってしまっているものを前提として活動していくというイメージのものが，被疑者段階からの弁護活動だと，同時進行的に，出来上がっていく過程に関わっていけるというところで，かなり違いを感じるということでしょうか．

安孫子　そうですね．事件そのものもそうですし，例えば捕まった直後で，家の鍵や家賃の支払いがどうだとか，家族との関係や職場がどうかとか，特に起訴猶予になる事件や執行猶予が付くような事件って，その後の社会内での生活がすぐ始まるので，そこの整理に関わるというのもすごく重要だなというのは当初から感じていました．そういう意味でも被疑者段階で関わるというのは大きいと，今も思っています．

甲木　髙松弁護士はどうですか．

髙松　ここで発言するべき話題なのか分かりませんが，私たちの世代からすると，被告人国選から担当したときに，被疑者段階で国選弁護人が付いていないケースもやっぱりあるではないですか．それにものすごく違和感を覚えるというか，当然被疑者段階も国選弁護人が付いているし，その国選弁護人

が被告人段階も引き続きやるというのが，むしろ私たちの世代の当たり前だと思っています．そういう中で，被疑者国選対象事件であるにもかかわらず，被疑者段階で国選弁護人が付いていないケースがいまだにあるというのは，何とかならないのかなという気がします．

甲木 そのぐらい違和感があるというか，「どうして被疑者段階で国選弁護人を付けなかったんだよ」というような感じを持つということですかね．

安孫子 被告人段階から始まる国選弁護事件の多くって，在宅事件ではないですか．そういう事件を担当すると，「そういえば，在宅事件は被疑者段階では弁護人は付いてないんだな．大丈夫だったのかな」と思うことがあります．

甲木 昔は，逮捕勾留された事件でも，そういう状況がほとんどだったという話になるわけですが，緒方弁護士はどうですか．

緒方 今，安孫子弁護士がおっしゃったことに同感です．被疑者段階でこそ示談の話だったりとか，家族との連絡調整だったりとか，やることがいっぱいあります．被疑者がとても不安に思っている時期ですから，何よりも初回の接見こそが一番重要です．たまにベテランというか，何回も逮捕勾留されている方もいますが，やっぱり初めて逮捕勾留されるという方が多い．その意味で，初回の接見で早めに弁護士が会いに行って，家族との連絡調整をしたり，取調べでこういうことを聞かれたら，やっていないことはやってないと言っていいということをきちんと伝えたりする．あとは，違うことが調書に書いてあれば調書にサインしなくていいと助言する．そういう「初歩の初歩」のことを伝えるだけでも，被疑者はとてもほっとすると思います．したがって，被疑者国選の間は弁護人が接見に通う回数もかなり多くなります．とくに，家族がいない方にとっては弁護人が唯一の話し相手ということにもなります．被疑者段階で被疑者を1人にしないという意味でも，弁護人が被疑者段階で付くことはとても意味があるのではないかと思います．被告人国選から始まる在宅事件の事案には，「これ，被疑者段階できちんと示談とかしていれば起訴されなかったんじゃないの？」という事案が結構あったりするので，在宅事件であっても，本当は被疑者段階で国選弁護人を付けられればいいんだろうなと考えます．

甲木 今，皆さんが話す内容からすると，国選弁護の中でも，被告人国選よりも被疑者国選の方がおもしろいという感じはあるんでしょうか．もちろん

事件によりけりだと思いますが，活動していてやり甲斐を感じるのは被疑者国選なんでしょうか．

髙松　目に見える成果が出やすいというか，不起訴で終わるとか，処分保留で釈放になるとか，準抗告が認められて釈放になるとか，そういうはっきりと形として出やすいのは，被疑者段階の方です．起訴された後ももちろんやることはいっぱいありますが，情状弁護だと相場みたいなものがあって，最終的な刑自体はそんなに大きく変わらないことが多いからです．もちろん無罪事件は別ですが，その意味では被疑者段階の弁護活動は非常におもしろいし，やり甲斐があるのかなとは思います．

甲木　昔はほとんどの弁護士が，被疑者段階の弁護をしたことがなかった．私選でない限り，被疑者段階の弁護なんてしたことないよという人が大半だったという状況ではあったんです．

緒方　想像ができないです．

甲木　否認事件でも，ずっと否認していたのに自白調書取られたんですという状況からスタートみたいなところだったんです．

石井　私は以前，奈良で裁判所職員やっていましたが，そのときに，新しく起訴された事件は，結構な割合で弁護人が付いてないので，弁護士会に被告人国選お願いしますという電話をいっぱいかけていたんです．振り返ると，当番弁護士制度は奈良でもあるはずだし，被疑者弁護援助制度もあったんだろうと思うんですが，どうなんでしょう．弁護士の姿勢として被疑者弁護援助制度であんまり受任するものではないというのが被疑者国選制度開始前はあったりしたのですか．それは奈良が特徴的なだけですか．

甲木　そこはたぶん単位会によって，違いは多少あると思います．被疑者弁護援助制度も，完全な制度になっていないし，そもそも弁護士を無料で付けられるということまで被疑者は知らない．とりあえず裁判所が告知をしているのは，当番弁護士は，1回無料で呼べますよ，ということだけです．その先で事件によっては無料で付けられますよというところまでは被疑者が聞いてないので，結局そのまま呼ばないままで終わる．あるいは当番弁護士を呼んでも，わざわざ弁護士を付けるのはどうなんだろうかというところが，やっぱり国選と違いはあったんだろうなとは思います．当時の選任率は，ばらつきが県によってもあるし，今みたいな高い比率で付いていたわけではない．

だから被告人段階から付くというのはいっぱいありましたよね．私の55期だと，最初の頃は被疑者弁護援助制度しかなかったので，否認事件の場合は少なかったかもしれないけれど，少なくとも自白事件の場合は，かなりの事件が被告人段階から弁護士を付けるという感じではありました．

松﨑 さっき髙松弁護士から，もっと被疑者段階での国選弁護人を付けるべきという話は，要は酒気帯び運転とかでも被疑者国選弁護人を付けられないかという話ですか．

髙松 それは対象事件の拡大の問題で，それとは別に，対象事件であっても，本人の自主性に委ねられているところがある．本人が，もう自分は当番弁護士を呼ばなくていいやと，弁護人を選任しなくていいやと思っている人については強制的に付けるような制度に今はなってない．そこは次のステップとして考えてもいい時期なのかなあと個人的に思っているところです．

松﨑 私らは，弁護士ですけど納税者でもあるので，弁護人を選任しようとも思ってない人に税金で弁護人を付けるという必要性については慎重に考えたいですね．その意味で，被疑者国選が付いてる範囲を絞ることも必要だと思います．予算が潤沢にあるのであれば司法修習生の給費制復活に予算を割いてほしいと思います．[*10]

甲木 実はその点は，まさに自腹で弁護士会が被疑者弁護援助制度でやっていたときに，どの範囲まで被疑者弁護援助でやるべきなのか問題となりました．例えば大阪弁護士会は，弁護士費用をいったん会で立て替えて出すけれども，被疑者の方でお金を負担できるなら後で返してねというパターンが実は多くて，いわゆる法テラスでの法律扶助と一緒です．償還を求めているケースが大半だったんです．そういう制度にすべき，あるいは，そうしないにしても，例えば要件としてこういう事件にだけ付けるみたいなことで，被疑者弁護援助を運用していたようなところもあったりはします．この辺はたぶん人によってもいろいろ考え方が違うと思います．先ほど，緒方弁護士が言っていた話がそうなのかもしれませんが，「この事件は弁護人を被疑者段階から選任しとくべきだったんじゃないの」と思うのに，本人が付けなかったというようなケースが，やっぱりあると思う．結局，弁護人を選任すれば一

---

*10 座談会当時は司法修習生に対する給費制度が廃止され，貸与制度となっていた．

体何をやってくれるのか，そもそも弁護人って何なのかということが，普通の被疑者や被告人にはわかってないということもあるんだろうと思います．

緒方 私の経験では，被害者がいる在宅の自白事件，窃盗や傷害で，これは被疑者段階で弁護人が付いていて，きちんと謝罪して，示談をしていたら，初回だし，起訴までされていないのではないかなという事件を2，3件担当しました．何故か筑豊地区の事件が多いかなという印象もあるんですが，被害者がいる在宅の自白事件は，示談ができるかどうかで起訴されるかどうかが変わってくるところがある．やっぱり弁護人が付いておけば裁判までならなかったのになという印象です．被告人段階で国選弁護人が付いてから連絡をしたら，被害者もすぐ示談に応じてくれるというケースがあります．もちろん被害者が全く示談に応じなくて，被疑者国選段階から付いても同じだという事案もあるかもしれない．しかし，被害者としてはたぶん困ってるというか，自分の被害はどうなるんだろうと思ってるけれども，どこに言ったらいいかわからない．事案によっては，被害者が加害者に直接は連絡取りたくないというときに，弁護人という窓口があるというのは被害者にとってもとても頼もしいことなのかなと思います．被疑者だけでなく被害者のためにも，自白事件であれば，在宅の事件でも弁護人が付く意味があるのかなと思った次第です．

甲木 今言われたようなケースだと，結局，それで起訴されて裁判になったら，もっと国費がかかるわけなので，国費節減という意味でもいいのかもしれません．

石井 すごくご高齢の方や障害があったりして，弁護人を付けることができると言われても，理解ができなくて，怖くて申し出ができなかったという理由で，被告人段階から付く事件もあります．私が担当した事件で，コンビニにバールを持って行ったけど，結局何も言えずに帰ろうとして捕まったみたいな強盗の事案がありました．ちょっとかわいそうな事案で，こんなの起訴しなければいけなかったのかと私は思ったりしました．そういうのも結局，被疑者段階で誰も何もしないから，起訴せざるを得ないみたいな事件もあると思います．甲木弁護士が言われたように，国費云々とか，司法資源が適切に配分されているかどうかという観点でも，被疑者段階からちゃんと選別と言ったら変ですけど，起訴すべきでない事案を起訴猶予という形でやった方がいいという面はあるのではないかなと思います．

甲木 当番弁護士制度がどのように生まれたのか，それがどう発展してきたのかということに関しては，2016（平成28）年2月27日に行われた当番弁護士制度発足25周年のシンポジウムでのテーマの1つにもなっていました．髙松弁護士はこのシンポジウムに参加されていると思いますが，感想を聞かせていただけますか．

髙松 感想としては，一言で言うとその熱意と熱量に圧倒されたというか，当時の先輩方や社会がどういう志を持って，どれだけの情熱をかけて，当番弁護士制度の道を切り拓いていったのかというところに，唯々すごいなあという感想を抱きました．もう少し具体的に言うと，1つは，弁護士会自身の動きとして，一部の会員だけではなく，若い世代，中堅の世代，ベテランの世代が，全体で役割分担をして，1つの制度を作ろうということで動かれていたというところです．あとは，弁護士会だけではなくて，裁判所，あるいはマスコミ，社会を巻き込んでそれを実現していったというところにものすごいエネルギーを感じました．あれだけの活動が今の若い世代でできるのかなというところで，もっと頑張らないといけないなという気持ちを抱きました．

3．当番弁護士制度と弁護士会の4部会

甲木 この当番弁護士制度は，最初は福岡地区で始まったけれども，すぐに北九州地区，あるいは筑後地区や筑豊地区にも広がったという経過があります．福岡県弁護士会では部会制といって，福岡，北九州，筑後，筑豊という4つの部会があって，それぞれの部会でその地区の弁護活動，あるいは代理人の活動を担っているという面があります．部会によっては部会員数が少なかったりして，当番弁護士の対応は福岡部会以上に大変だったということもあると思います．その点も踏まえて，北九州の服部弁護士や筑後の松﨑弁護士に，話を聞きたいと思います．まず，服部弁護士，北九州は，相当数の弁護士がいるけれども，かなり刑事事件数が多い．現在は，どんな感じで配転をされているのかという点を教えてもらっていいですか．

服部 配転は，ブロックを八幡ブロックと小倉ブロックと行橋・豊前ブロックの3つに分けています．八幡ブロックが1日2人待機，小倉ブロックが1日4人待機，行橋・豊前ブロックが1日1人待機でやっています．多重登録

ができまして，五重ぐらいまでできるのかな．多重登録でなければ，名簿が一巡する間に1回しか回ってこないんですが，五重登録すると，その間に5回回ってくる．すると，待機日が多くなるという感じです．

甲木 そういう制度は，若手の会員が増えて，環境が変わってきて国選弁護も是非いっぱい受けたいという弁護士が増えてきたからというところはあるかと思います．当番弁護士が始まった当初というのはそういう状況でもないという中で，「僕はやりたくないな」と誰かが言い出したら，それこそ制度が回らないような状況だったと思います．北九州で期が上の先輩方は，まだ今も当番弁護士に登録されているような感じですか．

服部 ちゃんとチェックしたことはないですが，委員会で辞退の申し出があれば，大体もういいよねと言って登録を外れています．

甲木 辞退の申し出があって当番弁護士の登録から外れる会員の名前を見て，「この人がいままで当番弁護士をやってたんだ！」というような感想を持つことはありますか．

服部 どうかなあ．どっちかというと……．

甲木 中堅の方ですかね．

服部 はい，中堅が多い印象があります．「ああ，もうこの人辞めるんだ」という感じが多いかなと思います（笑）．Ｉ弁護士は，ぎりぎりまで，90歳以上までやられていましたが．

甲木 なるほど．では，筑後の松﨑弁護士，どうですか．

松﨑 筑後は，制度的に福岡部会と違って，当番弁護士の日と被疑者国選の日は分けているので，被疑者国選は単純に名簿順に上から回ってきます．他方，当番は日毎に待機日が決まっているという運用になっています．但し，被疑者国選は名簿順ではあるものの，国選配件数等も考慮されるため，当番弁護士で派遣されて被疑者国選弁護人に選任されると，被疑者国選の名簿からは1周飛ばされるような感じになり，大体みんな常に国選の配転数が等しくなるような感じになっています．当番弁護については，一部連休中の待機を除くと，基本的に1日の担当者は1人なんです．大牟田警察署を除く筑後地域すべてを1人，大牟田警察署を1人なので，大牟田担当の先生はすぐ回ってくるんです．とはいえ，大牟田警察署だけなので，事務所のすぐそばの大牟田警察署に行くか行かないかというだけの話です．他方，私らは一番

遠いところで柳川警察署やうきは警察署に行くぐらいです．当番待機日になっていても，1人ですが回ってこないこともあれば，3件ぐらい入っちゃうこともあります．だからそのときは，1回柳川警察署に向けて出発したら，事務員さんに，もしファックスが回ってきたらすぐ連絡してくれと言ってます．最悪は柳川警察署に行って事務所に戻って来て，ファックスが来たら，柳川警察署からもう1件要請が来てることがあるので，基本的にすぐには行かないようにして，夕方まで待って留まってから行くことにしています．

服部 それは3件来たら，3件とも自分が行かなければいけないんですか．

松﨑 基本的にはそうですが，別に事務所の後輩など他の弁護士に代わりに行ってもらうのは構わないです．私の所属事務所みたいに弁護士数が多ければ，例えば私がすでに国選で柳川警察署に留置されている被疑者や被告人を担当している場合，当番弁護で柳川警察署に留置されている被疑者を引いた人が，私に対して当番弁護を譲る等柔軟にやっています．

甲木 北九州も昔はそうでしたよ．一回の担当日に3件くらい回ってくるので，少年事件までは手が回らないということで，全件付添人制度をとっていながらも，少年事件に関しては当番で派遣されても被疑者弁護援助では受任しない人がいるという話がありました．

服部 今は，待機人数以上の事件がきたら，遡って前日に待機をしていて配点されなかった人で順次やっています．

甲木 ちなみに福岡も，昔は普通に3件回ってきたりすることがありました．そのため，全部は受任できないので，当番弁護士として派遣されても被疑者弁護援助での受任はしないケースも少なからずありました．

石井 先ほど，緒方先生が，筑豊地区の事件が被告人国選から始まるケースが多いとおっしゃっていましたが，昔，筑豊地区には，バックアップで福岡部会の弁護士が行っていました．最近はあまり配点されなくなりましたが，当時は，筑豊部会の会員数がまだ少なくて，当番弁護の配点が間に合わない大変な状況もあったので，そういうことになっていたのかなと思いました．

甲木 昔は，筑豊部会の法律相談センター（飯塚，直方，田川）の担当についても，筑豊部会の弁護士だけでは人数が足りないということで，福岡部会の弁護士が担当することがありました．そして，そこに行っている福岡部会の弁護士は，筑豊部会の国選事件や当番弁護もやらなければいけないという形

で運用されていました．相談センターに行く機会に，接見や現地での打ち合わせなどがしやすいだろうということで，セットになっていたわけです．

これとは別に，筑豊部会の法律相談センターの担当には登録していない福岡部会の弁護士であっても，筑豊部会の国選弁護人名簿や当番弁護士名簿に登録するということもありましたが，かなりの部分が，先ほど述べた法律相談センターの登録者でまかなわれていました．

そのようにしなければ，筑豊地区については対応できないというところがあったのですが，現在は筑豊部会所属の弁護士の人数がかなり増えたので，福岡部会から法律相談センター担当者を派遣していませんし，当番についても，筑豊部会の弁護士だけでやるという形になっているわけです．

それから，筑後地区について言うと，少年事件については，福岡部会から一部手伝っていたことがあったのですが，当番弁護については，最初から筑後部会の弁護士だけで対応していました．

松﨑弁護士，筑後部会では，今は当番弁護士名簿と国選弁護人候補者名簿の登録率はどのような感じですか．

松﨑　筑後部会でも，弁護士登録10年目くらいから，当番弁護士名簿と国選弁護人候補者名簿の登録から外れる弁護士がいるということで，筑後部会の刑事弁護等委員会では，「あの人にはまだ外れてもらってはダメだろう」というようなことが問題になることがあるそうです．一方，弁護士登録30年目くらいの弁護士については，登録を外れたいという希望が出れば，「お疲れさまでした」という感じでそのまま認めていると思います．

そういう感じですから，筑後部会では，国選弁護や当番弁護の名簿登録については，権利というより義務に近いニュアンスなのかなあと思います．

甲木　それこそ以前は，みんなで支えないと制度が回らないというような感じでしたからね．

松﨑　筑後部会は，先ほどお話にあったような五重登録とかもないので，権利というより，みんなでやる義務のような感じなのだと思います．

ところで，他の部会の方にお聞きしたいのですが，連休やお盆や年末年始の当番弁護と国選弁護の配点については，どのような運用がなされているのですか．

石井　福岡部会は，元々名簿順で機械的に担当日が決まっていると思うのですが，担当日の交代という形で，事実上若手の方に年末年始等の担当が流れ

ていったりしているのではないかと思います．
服部 北九州部会も，おそらく名簿順で機械的に配転されていると思います．そして，北九州部会のホームページの会員ページ（北弁コミュ）には，当番や国選の交代コミュニティがあって，そこで担当日の交代が行われています．
甲木 今，国選弁護や当番弁護の担当については，若干権利性が出てきているところがあるのかもしれませんが，一応基本は機械的配転です．もっとも，さすがに1年の内に，正月もお盆も，あるいはゴールデンウィークも，というようにはならないように配慮して，担当日を決めていると思います．
石井 そのように個別的に配慮をするのは結構大変ですね．
松﨑 誰が何日に担当しているかわかるように一覧表が送られて来ますが，長期休みは実家帰って孫の顔見せないといけないので，妻帯者には正直きついなあと思いますね．なかなか代わってもらえる弁護士も見つかりにくいという事情もありますから．
甲木 そんなことをおっしゃられながら，松﨑弁護士は，8月13日に配点された殺人未遂の事案を，お盆休みをつぶして対応されたと聞いていますけれども．
松﨑 警察は，長期休みの初日に大きい事件の逮捕をしてくることがありますから，むごいなあと思うことはありますね．あのときは意地になって行きましたけど，正直に言うと，盆と正月をつぶすというのはきついなあと思うところはあります．
甲木 ちなみに，今も，対馬の事件が配点されることがありますね．それこそ年末年始に対馬に行く場合は，そもそも船が満席で予約がなかなか取れなくて大変だった，という話も以前聞いたことがあります．

4．当番弁護士のその他制度改革への影響

甲木 当番弁護士制度の発足について話をしますと，制度発足前から，被疑者段階に国選弁護人が付かないのはどうなのかと，国に対して制度の変更や改善を求めていたわけですが，単に求めるだけではなかなか変わらず，「変わらないのであれば自分たちで制度を作ろう」というところから始まりました．そこが，当番弁護士制度の画期的なところだったわけです．そして，その後も，弁護士会では，この当番弁護士のときと同じように，よい制度がな

いのであれば，自分たちで制度を作ろうという動きが増えていったというところがあると思います．

　安孫子弁護士は，子どもの権利委員会に所属されていますが，当番弁護士制度の発足の10年後に福岡で始まったのが，当番付添人制度でした．安孫子先生は，それ以外にも，子どものシェルターだとか，セックスワーカーの相談支援など，子どもや若者に対する支援の取組みをされてきていると思います．

　このような子どもの権利委員会や自分自身の活動を踏まえて，当番弁護士制度の発足や発展に関して，何か感想があれば聞かせていただけますか．

安孫子　「すごいな」という部分と，「よくやるな」という部分と両方ありますね．そして，付添人制度も同じで，「よくやるな」というところがあります．

　現在，シェルターやセックスワーカーに対する援助は，まだそれほど動いていないのですが，若者の相談支援や児童養護施設や，里親さんのところにいるお子さんの支援などについては，福祉の分野で新しい事業を立ち上げて運用をするということをやっています．その制度作りのやり方から見ると，本当に無茶にやっていると感じる部分はあります．

　まず，ニーズがどのくらいあるのかとか，財源はどうなのかとか，運用していく人の質の担保はどうするのかといったことは，どの制度でも問題になると思うのですが，そのような色々な問題があるのだけれども，弁護士だからいける，というある意味無茶なところから始まって，みんなでやっているという感じで，そこは本当にすごいなと思っています．しかも，それが国の制度として形になって，制度として定着して続いているというのは，本当にすごいなと思います．

　もちろん，最初に何かを立ち上げるときには，多少は無茶をして，それが周りに認められて，ということなのだと思うのですが，弁護士会全部を挙げて全員に付けるとか，要請があれば行くとか，毎日当番の人を割り振ってとか，今の世代でやろうと思ったらなかなか難しいのかなと思います．

　現在の若手の弁護士についていえば，全員に対して，「当然やりますよね」と言っても，全員が「はい」というような状況ではないのかなと思うので，それが当番弁護士では出来ていたというのは非常に大きいと思います．逆に言うと，今後は，新しいものを弁護士会で立ち上げるというときに，ちょっと難しいことが色々と出てくるのではないかとも思います．

他の委員会でも，新しいことを始めようとしても，手続も非常に延びますし，やれるのかやれないのかみたいな，延々と制度設計の話をしていることが多いと思います．それが実際に立ち上げをするときのやり方としては，当番弁護士制度など立ち上げのときの状況をしっかり学びつつ，足りないところを補って，これからに活かしていく必要があると思います．

甲木 ありがとうございます．緒方弁護士は，自死問題対策委員会の方で，自死問題の支援者に対する法律相談や制度作りなどに携わってこられたと思うのですが，そのような活動を踏まえて，当番弁護士制度の発足や発展に関しての感想があればお願いします．

緒方 まず，自死問題支援者法律相談というのを初めて聞く方も多いかと思うので，少し説明します．

自殺を考えるほど追い詰められている人は，視野狭窄というか，死ぬことしか考えられなかったりして，弁護士に相談すれば解決するような問題でも，弁護士に相談するという発想になることができず，法律相談につながりにくいのです．そこで，その方を周りで見ている人たち，例えば，家族や友人・知人の他にも，精神科などの病院のスタッフや，ソーシャルワーカー，行政職員などの自治体関係者や，サポートをしてくれるボランティア団体の方などを自死問題の支援者と位置づけて，支援者からの申し込みを弁護士会で受けて，原則48時間以内に名簿に従って弁護士に割り振って，弁護士から折り返しの連絡をして，本人の問題について少し情報を収集した後で，本人との面談・相談につなげるというような制度を作っています．これが自死問題の支援者法律相談ですが，当番弁護士と同じように，弁護士のアドバイスが必要だけど，自分からは相談に行けない，出向けないという人のところに逆に弁護士の方から出向きますよという制度です．これは，当番弁護士制度があるからこそ，こういう相談制度を作ろうという発想になったのかなと思うので，当番弁護士制度があるのが当たり前の時代だからこそ出来ている相談制度ではないかと思っています．

そして，当番弁護士との共通点としては，弁護士日当が手弁当であり，結局，弁護士会のリーガルサービス基金[*11]から弁護士の日当や交通費を出して

---

*11 福岡県弁護士会における人権擁護活動のための特別会計．現在は会員からの特別会費等

もらっていることです．もっとも，弁護士日当以外の費用については，厚労省から補助金をもらっています．自殺に関わる問題は，弁護士だけが対応してもちょっとうまくいかなかったり，弁護士も不安だったりするので，臨床心理士や，精神保健福祉士，精神科医などの心理に関わるプロに相談ができたり，相談に同席してもらったりすることができる制度になっていますが，そういう心理専門職の日当などの弁護士日当以外の費用については，厚労省が補助金を出してくれているというものです．

　したがって，こういう制度が必要であって意義があるものであるということは，厚労省も認めてくれているのかなと思っています．あとは弁護士日当も出してくれれば言うことがないのですが，現時点ではそれは補助金からは絶対に出してはいけないと言われているので，そこの部分は弁護士会の手弁当ということになっています．被疑者国選のように，これも国の費用でできるようになればいいのかなと思うのですが，なかなか道のりは厳しいです．

甲木　今，予算の話やお金の話が出ていましたが，当番弁護士や当番付添人については，福岡単独ではなくて，全国に広がっていって，国の制度になっていったようなところがあると思います．そのあたりについては，自死問題についての相談はどのような感じですか．

緒方　今，各単位会で同じような取組みを広げてきているところです．例えば九州では，大分で，先日，自死問題に関する当番弁護士制度というのが発足したと聞いています．これは，支援者からではなく本人からの相談を念頭に置いているもので，本人からの相談があれば，弁護士が出向くというような自死問題に関わる当番弁護士制度だということです．そして，佐賀の方でも，似たような制度を今考えているところと聞いています．

　当番という意味では，全国で耳にするのは，やっぱり「風は西から」，福岡から，ではないですが，九州が多いのかなあと思います．もちろん，他の地域でも，自殺対策について色々な連携をして，相談体制を作ったりしているところはあります．例えば，広島では，ケース会議に弁護士が出席するという制度はあるようです．しかし，相談者からの相談に当番弁護士のような

でまかなわれており，当番弁護士の日当を始めとする様々な人権擁護活動のための支出がなされている．

形で出向くというような制度は，九州以外からはあまり聞かないと思います．

　ただ，この問題については，司法書士会がすごく積極的で，ベッドサイド法律相談といって，自殺未遂を図った方が救急医療に関わっているところに，1度無料で，司法書士が派遣されて，法律相談ができるという制度を，広く全国的に展開されているみたいです．ただ，やはり，司法書士では扱えないような事案も沢山あるので，そういう意味では，同じような形で，弁護士が出張相談ができるような制度が，日弁連全体でも広がればいいなあと思っているのですが，まだそこまでには至っていない状況です．

甲木　今，予算や規模という話をしていきましたけれども，それ以外に当番弁護士の制度というのは，もちろん弁護士や弁護士会の方で頑張ってきたわけですが，結局，逮捕された人が誰なのかが弁護士会側に分かるわけではなく，逮捕された人のところにすぐに行けるわけではありません．当番弁護士制度がうまく運用されるには，裁判所や，捜査機関，あるいはマスコミの方で，そのような制度がありますよということを告知したり広めてもらったりする必要があり，そのための理解とか協力がなければ広がらなかったという面もあって，当番弁護士制度の場合，そこがうまくいったから，件数も非常に伸びていったというところもあると，この間のシンポジウムでは指摘されていました．

　そういう関連団体の理解を得て協力を得るという意味では，平田弁護士がやられている中小企業法律支援センターというのは，中小企業の支援団体や機関との間での連携というのが重要だと思いますが，そういう観点から当番弁護士制度，あるいはご自身の活動とかに関して感想なり意見があればお願いいたします．

平田　やはり広げていくためには目的を共有することかなあと思っています．中小企業の関係で言うと，経営者，経営者の家族，従業員，従業員の家族，取引先，さらにその家族というふうに繋がっており，私達がその中小企業に関わることによってトラブルを防げたのであれば，その周りの人たちも守られたであろうという面があります．実際のトラブル事例を後から遡って考えると，私達がこういうふうに動いておけば助けられたよねっていうところの弁護士の役割とか意義だとか，そのような多くの関係者を含めて救済するという目的．そこを他の機関や団体と共有するというところが一番大きいのかなと思っています．

当番弁護士に関して言えば，先ほど，緒方弁護士や石井弁護士が言われたように，ここで動いておけば起訴に至らなかったかもしれないし，この人は早期に会社に復帰できたかもしれないし，ここまで裁判所の資源とか司法の資源を使う必要がなかったよねという面があって，そこから遡って，当番弁護士制度があれば，こういう人たちが救済できたんだから，動かなきゃいけないんだよというところの目的意識の共有が関係者との間にあったのかなと．そして，髙松弁護士が言われていたように，やはりそういう部分のエネルギーがすごく強かったのかなあと思います．「これはやっぱり自分たちが何とかしなきゃいけない」という気持ちが，そういう目的や気持ちがあって，だからこそ関係する人たちとの人的な，ちょっとウエットなつながりなどで広がっていったというのが大きかったのかなと思います．

甲木 当番弁護士制度と，そこから波及した被疑者国選制度というのは，結果的には弁護士の職域を拡大したという面がおそらくあると思いますが，それが前面に出てしまうと，なかなか理解が得にくいというところがあり，中小企業の関係もどうしても職域拡大っぽく見られがちなところがあると思います．ただ，弁護士が関わることによる意義というのを，職域拡大とかではなくて，中小企業のためになるという意義であるとかを理解してもらったり，共有してもらったりすることが重要だということですかね．

平田 そうですね．年1回，中小企業を支援している弁護士が集まる大会があるのですが，そこでも，中小企業支援というのが人権擁護なのか，自分たちの職域拡大なのかという二者択一の議論がされることが結構多いのです．ただ，それは，別に二者択一ではなくて，同時というか，結果的に職域拡大には繋がるかもしれないけれども，目的としては，私達が関われば助けられたはずの人たちがいるというところなのかなとは思います．だから，二者択一的じゃなくて，同時だと思っています．

5．当番弁護士制度・被疑者国選制度の改善点

甲木 現在の当番弁護士制度，あるいは被疑者国選制度が発展してきて，今，出来上がってきているわけですが，今の制度に関して改善が必要な点，あるいは不満な点などがあれば出していただきたいと思います．先ほど，在宅事

件も含めて，そもそも対象から外れている人，あるいは対象に入っているけれども，本人が請求せず，結局，弁護人が付かないまま起訴されてしまった人について話があったと思いますが，何か問題点やこうしたら良いという話があれば発言をいただきたいと思います．石井弁護士いかがでしょうか．

石井 時々，当番弁護士としてではなく被疑者国選弁護人として活動を始めるというのもあったりします．要するに，逮捕段階では誰も付いてなくて，勾留段階で被疑者国選弁護人の推薦として突然来て，それまで弁護士が誰も関与していなかったパターンもあったりすると思うのですが，そうなった理由はいろいろあるとは思います．ただ，1つには，制度としてわかりづらいということがあると思います．国選弁護人だったら付けてほしいという人も，当番弁護士は訳がわからないから呼ばなかったということもあります．たまたまですが，つい最近，当番弁護士として出動した事件で，「よくこんな事件で逮捕したね」という事件がありました．それは，6人子どもがいるお母さんだったのですが，もうすぐ子どもの卒園式，卒業式があるから出たいので，何とかしてくださいと言われて，バタバタ活動して，勾留請求を却下してもらって外に出られたという事案です．できるだけ早期に関わってあげた方がいいのは間違いありません．もし，分かりにくさとか制度の複雑さが利用のしにくさにつながっているという部分があるのであれば，全部国選にしてもらった方がわかりやすいし，使いやすいということはあるのではないかと思っています．

甲木 2016（平成28）年の刑事訴訟法の改正で，一応対象事件そのものは完全に広がり，勾留されればどんな事件であっても対象になります．以前の収入要件などはそのまま残りますが，対象事件に関しては広がります．ただ，勾留前の逮捕段階に関してはまだ広がっていないという状況です．そういう逮捕段階あるいは在宅事件に関して，そこも広げた方がいいとか，いやそれはどうだろうかとか，何かご意見はございますか．

松﨑 当番弁護から私選で受任をして，当然しかるべく事務負担金[*12]を弁護士会に納めていますが，私はそれが本来あるべき姿だと思います．お金を持

[*12] 福岡県弁護士会では，当番弁護士として派遣された事件について私選事件として受任した場合，その弁護費用に応じた事務負担金を弁護士会に収めることが規則で定められている．

っている人がむやみに国選弁護を使うべきではないと思っていて，当番弁護士として出動すれば，財産状況や収入状況を確認して，十分な財産や収入があるのであれば私選で弁護人として付くというのがあるべき姿だと思っています．その意味で，今の逮捕段階は当番弁護制度で，勾留になったら被疑者国選制度でというのは，結構完成形に近いのかなと思います．もちろん私は，ほかの制度を知らないので，別に今やっていて何の違和感もないし，やりやすいのかなとは思っています．あとは，もっと国選弁護人の弁護費用を被告人に負担させてもよいのではないかと思います．例えば，執行猶予判決を付けるのであれば費用の負担を求めるとかです．

甲木 髙松弁護士はいかがですか．

髙松 今の松﨑弁護士の費用についての話は，少し私も思うところがあります．今は国選弁護で受けることが当然のようになっていて，我々もそれで受けることに抵抗はないのですが，本当は経済的な余裕があるのに国選弁護人でいいという方もいらっしゃるし，そこのチェックは非常に杜撰で，本人がお金ありませんと言えば，だいたい国選弁護人が付くという実態になっていますが，本当にそれでいいのかなとは思います．実際に，非常に難しい事件等で，これは私選事件であれば本当はそれなりの報酬をもらうべき事件でも，若手が国選弁護人としてある意味低い金額で働かされている面がちょっとありはしないかなと少し思います．ただ，あまりそれを我々が言うと，何かお金に汚いように聞こえてしまうので，国費の節減という面を強調してそこは何とかもう少し良くならないのかなと思います．

松﨑 筑後部会の法律相談センターでの相談で，在宅事件だったのですが，「僕はお金が50万円以上あるんだけど，国選弁護人は雇えないのか」という相談に来られた方がいました．

甲木 ただ，お金が50万あるからといって，被害弁償をしなければならないといった事情があると，結局，弁護士に費用を払えるかは，また微妙なところだとは思います．今の点について他の方はどうですか．

---

*13　国選弁護人を請求する場合，50万円以上の預貯金等がある場合には，あらかじめ弁護士会に私選紹介を申し出，紹介された弁護士に私選受任を断られた上でなければ国選弁護人請求ができないという「資力要件」が存在する．在宅事件の場合，私選紹介の申し出があれば，福岡県弁護士会では法律相談センターでの法律相談で対応することになっている．

服部 国選事件の判決で訴訟費用は被告人の負担とするって言われると，お金を持っていればいいのですが，持っていないのに言われた場合，きちんとお金がないと強調していなかった自分が悪かったのかなと思ってしまいます．

松﨑 私は基本的にお金持っている人で執行猶予が付きそうだったら，弁論のときに，この人はお金持っているし，働く意欲がすごくあるので，弁護士費用は自分で払います，国選費用を含む訴訟費用を負担しますから，執行猶予にしてくださいという弁論を結構します．それで，実刑になったら訴訟費用の負担はできませんので，執行猶予にしてくださいと．

甲木 実刑でも負担させられるときはさせられますね．

松﨑 実刑だったら訴訟費用を負担させないでくださいと言います．これで，実際に実刑になるか際どい事件が執行猶予判決になったことが1回あります．否認事件とかなら別ですけど，犯罪を実際にやって，弁護士をタダで雇って，本当はお金を持っているのに弁護士費用分も負担させないなんて，税金の支え合っての国選弁護ですから，あってはならないことだと思います．

平田 訴訟費用を負担させるかどうかは，弁論の全趣旨からそういうふうに判断しているのですか．判断基準というのは，お金持っていないアピールが足りなかったからという話なのでしょうか．

松﨑 検察庁としては，訴訟費用の負担の判決をむやみに出されると，回収不能の債権を抱えてしまうので，そういった点を考慮して，あまり訴訟費用を負担させないのだと思います．ただ，弁護人や被告人側が，お金がありますと言うと，裁判所も安心して訴訟費用を負担させられます．

服部 検察庁が回収のことを考えているというのは，司法修習中に刑事裁判官から聞いたことがあります．

甲木 保釈をしていると大体訴訟費用を負担させられることになるのですが，保釈金を本人は全然負担していなくて，周りが何とか借りたりして作っているパターンのときにまで訴訟費用を負担させられると，辛いものがあったりします．そこで，そういう場合は尋問の中で，保釈金がどうやって作ったお金かとかいう話をすれば，ひょっとしたら判断が変わるかもしれないですね．

　ちなみに，「○○に関しての訴訟費用は」というような形で，負担させる訴訟費用の範囲を限定しているパターンも実はあります．この部分の訴訟費用が余計にかかったのは検察官のせいだろうと思っていたら，その証人の費

用は外すとか，鑑定とかの費用は外すとか，そういうのは経験上ありました．訴訟費用を負担するという話になるのであれば，国選であっても弁護士を付けない方がいいかもという話にもなりかねない気がしますが，その辺でどなたか発言はないですか．

石井 逮捕勾留されている方は，一般の人と比べると，費用対効果を考えるのだと思います．弁護士を付けてお金をかけてどんな効果があるか，それでどれだけ刑が軽くなるのかとかです．私らは，そういうことは保証しかねるし，弁護士が付いたからどうなるのかわかりませんよと言うと，それなら弁護士付けないという話になったりすることもあり得ます．そういうときに国選弁護だったら，もちろん費用負担になる可能性はありますが，当面出さなくていいから，とりあえずそれで付けることを検討してはどうかという話をすることができます．やはり弁護士が付いた方がいい事案はありますので，そういうときはそういう話をすることもできます．

　実際に手持ちのお金があったとしても，人生いろいろあるわけで，それこそ子どもが6人いたら，虎の子の50万を弁護士費用で払ってしまうと，その後ずっと不安を抱えて生きて行かなければいけないこともあったりします．その人の人生を救うと考えたら，弁護士費用は多少低くてもやっていいのかなと，私は個人的には思いながらやっています．国選弁護制度は，私はできるだけ広がって，使いたい人には使えるようにするのが良いと思います．もちろんお金があって，私選を頼みたいという人もいます．国選が付いたって，私選にならないのですかという人もいたりするので，それでいいのではないかと思っています．

服部 賛成です．私選弁護で依頼するかしないかとか考えている間に，もっとできることがあると思います．それで時間がかかるくらいだったら，すぐに国選弁護人で選任された方がすっきりしていいですね．

髙松 ちょっと別な観点で，当番弁護士制度は，未だに意外に浸透していないというか，一般の方は知らない方が多いなというのが実感です．実際に知人から相談を受けて，まず当番弁護士を呼んでみたらという話をしたときに，そんな制度があるのですかという話も未だに聞きます．当番弁護士制度が出来て25年以上経って，未だに認知されていないのかというところは，さらに認知のための努力は必要ではないかなと思います．

石井　その点は触法障がい者の関係で結構話題にすることが多くて，施設に入っている障がい者の人が万引きしてしまったなど，元々福祉に繋がっている方とかが捕まってしまった場合に，施設の人は，どうしたらいいのだろう，接見禁止とか付いた場合には面会もできないし，ということになってしまいます．そういうときに，当番弁護士呼んだらいいですよと伝えています．それで，当番弁護士に，面会の後とか前に，自分に連絡してくださいと言ったら連絡してくれますよということを言うと，家族以外でも呼んでもいいのですねということを言われたりすることがあるので，たしかに当番弁護士制度を周知していくというのは，まだ結構必要な領域が残っているのかなと思っています．

平田　確かに普段生活していて，当番弁護士に関するパンフレットとかは見ないですね．一般市民の目に触れるところに置いていないのかも知れません．

髙松　でも，いつ逮捕されるかわからないということを考えると，本当に一般市民が知っていないと意味がないのではないかなと思います．逮捕された人は警察署なり裁判所なりで聞くと思うのですが，その家族に対しては，警察は伝えているのですかね．逮捕されたら，警察から必ずご家族に一報を入れると思うのですが，そのときに家族に対しても告知ってあるのですか．

甲木　ないです．

髙松　警察に告知してもらったりするのは難しいということですか．

甲木　法律で決めないと，なかなか難しいですね．一応，今回，刑訴法の改正で，告知義務が増えたのですが，当番弁護士に関して告知する義務というのは捜査機関には課されていません．もちろん本人から当番弁護士を呼んでくれと言われたら，対応しなければならないけれども，わざわざ「当番弁護士呼べるから呼んだら？」ということまで言う義務はありません．それで，留置担当の方がもし勝手にそういうことをしていたら，捜査担当の方から，「何でそんな余計なことをしたのだ」という話になりかねないというのが，おそらく今の状況です．国によっては，弁護士が最初から留置施設や警察に張り付いていて，逮捕された場合には，当然弁護士が1回接見に行くという制度になっているという話を聞いてはいます．そういう方向で，つまりいわゆる被疑者国選弁護人として行くのではなくて，とりあえず無料で1回面会するみたいなものを制度化するのはあるのかもしれませんね．

緒方　少しまた違う話題になるのですが，被疑者国選の場合は，弁護人とし

てすでに選任された状態で会いに行くので，やっぱり辞めますということはできないではないですか．でも，当番弁護士の場合は，その後，被疑者弁護援助制度を使って活動するにしても，一度会って，とりあえず本人が，あなたでは駄目だという話になれば，では私は当番だけで終わるので，必要があれば私選を頼んでねとか，その後勾留されても，被疑者国選対象事件だったら，私は断るので他の弁護士が国選弁護人に選ばれると思うので，その弁護士にやってもらってねという話ができると思うのです．もちろん国の費用だから選べない，好きな弁護士に頼むというのができないとは思います．だからどうすればいいというようなビジョンがあるわけではないのですが，なんかそこに矛盾を感じます．

　当番弁護士から呼んだ人は弁護人を担当してもらう弁護士を見極める時間があるけれど，被疑者国選弁護人が選任された後だと選びようがない，そこが不平等だなとたまに思うことがあります．

松﨑　でも，それは私選弁護人を依頼すればいいのではないでしょうか．

緒方　依頼するお金があれば，そうですね．

松﨑　依頼するお金がないのであれば，それはやむを得ないと思います．

甲木　現状で私選弁護と国選弁護の一番の違いというのは，要は弁護人を選べるか選べないかというところかなと思います．今の国選弁護制度では弁護人を選べないことになっているので，当番弁護士で1回呼べば弁護士を選択できるチャンスかもしれないですけど，どちらにせよ2回しかチャンスはないことにはなります．

松﨑　むしろ弁護士側が辞任できないのが辛いです．逆の発想ですけど，こちらもワンチャンスです．当番弁護士であれば指名承諾書[*14]を出さなければいいのですが，被疑者国選の場合は，いったん受任すると容易に辞めることはできません．結構シビアな問題として，うちの事務所は，利益相反の関係で特定の暴力団の事件を受けられないので，容易に辞任できないのは困ります．現状は

---

*14　当番弁護士で派遣された後に，その被疑者が後で国選弁護人選任請求をした場合に，被疑者国選弁護人として指名されることを承諾する旨の承諾書を，弁護士会を通じて法テラスに提出する運用となっている．この承諾書が提出されていれば，国選弁護人が選任される場合に，当番弁護士として出動した弁護士が国選弁護人に選任され，提出されていなければ他の弁護士が国選弁護人に選任される．

当該暴力団の時には例外的に裁判所が辞任を認めてくれているのでいいですけど，事務所として民暴事件をやっているので色々と不都合はありますね．

緒方 自由に辞任できる制度も問題があるのでしょうけど，だからといって，今のように基本的に辞任は認められないという制度にも疑問を感じます．

石井 利益相反以外でね．

松﨑 名前だけで利益相反関係が分かるのであれば，指名打診のファックスが法テラスから来た段階で，利益相反関係があるので無理ですと断れると思うのですが，特定の暴力団の構成員かどうかは，ファックスの段階ではわからないので，選任されて会いに行って，どこの組の方ですかと聞いて，「あ，X組なのですね．じゃあ，うち辞任です」というようにやっています．今は利益相反が認められて，辞任ができるのでいいのですが，やがてできなくなると困りますね．

安孫子 当番弁護士の段階から国選化したら，打診のときの情報量ってちょっと違ってくるんですかね．当番弁護士で出動して，弁護士側も受任するかどうかを選択できないとなると，今の当番弁護士の出動要請での情報量で絶対受任しろと言われたら，ちょっとしんどいなというのがありますね．さっきの筑豊の話で，ちょうど筑豊センターへの福岡部会の会員の担当が要らなくなる最後のころに，嘉麻警察署[*15]で当番要請が入っていますと言われたんです．そのときの被疑罪名は非現住建造物等放火で，本人に「これ1件だけなの？」って聞いたら，「1件です．これだけです．ほかにはありません」と言われて，そこで，被疑者弁護援助で受けて帰ったら，その後現住建造物放火を含めてたくさんの余罪が挙がって，半年ぐらい嘉麻署に通い続けて，裁判員裁判までやった事件がありました．それが当番弁護士で，少ない情報量で，しかも当然受けなければいけなくなると，そこまで極端ではないにしても，そういう情報量ではなかなか弁護士側も覚悟がいるなあと思うんですね．

甲木 その選択権というか，それが，あるかないかというのは善し悪しなところがあると思います．例えば東京の場合は，国選事件について電話で打診が来るのではなくて，弁護士会のところに国選事件の資料が並べられていて，

---

*15　嘉麻市にある警察署．公共交通機関を使うと福岡市内からは電車やバスを乗り継がなければならず，接見に行くのに最も時間のかかる警察署の1つ．

それをその日に担当の弁護士が見に行って，自分はこの事件を受けますと選ぶ形になっています．そういうやり方がいいのかというと，結局，楽な事件を選ぶとかみたいな感じになって大変だなと思うような事件は避けることになるんでしょうけれども，ここら辺は制度として運用していくときに，何をどこまで，どう認めるかというような話ともつながるのかもしれません．

松﨑 性犯罪はやりたくないとかありますので．

甲木 今出ている話に限らず，刑事弁護活動に広げてでもいいですけど，何かほかにありますか．

松﨑 小倉にも福岡にも裁判員裁判を扱う裁判所がありますが，筑後にはないので，筑後から裁判員裁判に通うと莫大な時間と費用がかかるんです．それが全然報酬に反映されない．遠距離接見と出張で数千円みたいな話になるけれども，福岡の赤坂の人が裁判所に行くのに比べたら3時間ぐらい時間がかかるので，単純に一般の弁護士相談費用で考えると3万円です．1回3万円多くもらっていいはずだと，そこは何とかならないと思います．接見でもそうですけど，遠距離に行くということに対する評価をもうちょっといただきたいなという不満はあります．

甲木 国選報酬の話ですね．報酬に関してはどなたかいかがですか．

石井 その収入はあてにしない，と言いながら言おうと思っていたんですけど，やり甲斐の問題として，起訴猶予を取るのが難しい事件を一生懸命頑張って起訴猶予処分にしたのに全然報酬に反映されないというのはどうなのかと．どうやって評価するのか問題があるので，簡単にはいかないと思うんですが，そこは何とかならないのかなとは思いながらやってます．法テラスがないときの被告人国選事件では，裁判官が弁護活動を見て，頑張ってるなと思ったら，増額するということがあったんです．それは，結構胸先三寸で決められたのでどうかと思います．今はもう全然それがなくて，かかった時間だけで機械的に計算されているので，その辺ももうちょっと弾力的な運用ができないのかなと思っています．

甲木 なぜそうなったかというと，法テラスが報酬を算定をすることから，当初の段階で，法テラスが弁護活動の中身を評価していいのかという原理的な主張や，形式的な部分だけで評価すべきだという根強い意見もあって，今の制度になったんですが，皆さんどんな感じですか．やっぱりある程度は

中身で評価してくれよというところを感じますかね.

髙松　私は被疑者国選よりもむしろ被疑者弁護援助のときにそれを強く感じることがあって，逮捕段階に当番弁護士で行って，被疑者弁護援助で受けて，勾留請求却下になって，早期釈放でベストの成果だというときにも定額の8万円で，交通費も含みますという話になると，なんか正当に評価されてない気がするなと感じます．さらに，早期に釈放になる事案というのは，その後に被害弁償の話を引き続きしたりすることも結構あって，最終的な処分まで活動することになると思うんですけれども，そこの費用というのは一切出ないし，そこは請求してもいけないんですよね？　被疑者弁護援助で受けた事件で釈放になった後に，私選弁護で受任するなり，別途報酬を取るということもだめだというふうに理解しているんですが．

甲木　被疑者弁護援助の対象外の弁護活動をするのに際して別に報酬をもらうことは構いません．国選弁護事件の場合には，国選弁護分の報酬を依頼者に実質的に負担させていないかという問題が生じますが．

髙松　今のところ，そこは手弁当でやっていることが多くて，なんか正当に評価されてないなと感じることはあります．もちろん依頼者が満足してくれて，それはそれでいいんですが，そうは言ってもというところもありますね.

緒方　民事の法律扶助だと審査委員がいて，それでもいろいろと縛りはありますけど，活動に応じた増額とか，事案に応じた増額があるんです．だから本来は同じように刑事でもできなくはないのかなと思うんですけど，誰がそれを判断するのかというのは，民事の問題と同じでしょうか．

甲木　民事と違って，刑事は必ず対国家権力の事件なので，それを国家権力側である法テラスが評価するというのは，果たして弁護活動を歪めないかという意見が根強くあるんですね．もちろん法テラスの中で弁護士が審査委員になっていて，弁護士が評価しているんだから問題ないという意見もあるわけですが．私と石井弁護士ぐらいの期だと，たぶん感覚は一緒なのかもしれませんけど，昔は被疑者弁護援助制度しかなかったわけですが，本当に何の評価もなく報酬は定額だったんです．被告人国選に関しても，報酬額を見てちょっと評価されたかなと思うと，それは何か自己満足的なところがあって，どっちにしたって低いよという額だった．余り報酬額で評価された，されてない，とかっていうのを考えてない部分がありました．逆にいうと，たぶん

今の若手の弁護士は，最初から被疑者国選でかなりの件数があって，接見の回数などで報酬が増えたり減ったりというところがあって，そういうところで評価されるというのが，当然の前提のような感じで考えてるのかなと思っています．時々，そういうことにカルチャーショックを受けたりするんですけど，皆さんはどんな感じですか．

服部 評価されないものは評価されないので，一応被疑者のときはなるべく接見に行くようにとか，もらえるところでもらっておかないとという感じでやってます．

松﨑 報酬を全部事務所に入れないといけないから，そもそも興味がないですね．

甲木 さっきさんざん長距離移動の公判の報酬評価がと言っていたのに（笑）．

松﨑 実際に全然知らないですよね．国選の報酬がどういう状況か体系かとか，興味がないので．さっきの話は筑後部会を代表して言ったので，個人としては，そうは思っていません．

甲木 どっちでもいいですか（笑）．

緒方 少なくとも交通費の実費は，遠距離か遠距離でないかにかかわらず，別途出してほしいなという思いはあります．

　被疑者弁護援助に限らず国選弁護もですけど，少年事件の付添人の関係だと，結構熱心にやればやるほど，手元にはほとんど残らないというか，特に新人研修のサポートで，新人弁護士と一緒にやるというときには，2人でやるけれども1人分の費用しか出ないし，新人の人が一緒だからいつも以上に熱心になるし，2人でも面会も行くし，それぞれ単独でも面会に行くみたいな状態だと，交通費はどんどんかさむわけです．でも，その1人分の報酬から交通費を2人分出して，それをまた半分に分けるとなると，本当に手元に全然残らなくて，それはもちろん少年事件はとてもやり甲斐があるからいいんだけれども，でもやっぱり，本当はきちんと出すべきところなのかなという思いもあります．サポートする側も，そこはきちんと出る方が，気持ちよく後輩と一緒にやることの意義を感じられるというか．

　場合によっては，一緒にやる新人の方がいろいろやってくれるから，自分はアドバイスだけで何もしないという人もいるのかもしれないけど，多くの弁護士は，自分もガッツリ活動して，新人にその活動を見てもらって，一緒に意見交換しながら進めると思うんで，本当は1人でやるときよりも熱を入

れてることが多いのかなあと思うので，それなのに手元に残るお金は1人でやるときよりもすごく少ないというのは，何かバランスが悪いなあという気がします．だから，せめて交通費実費ぐらいは，きちんとタクシーの領収書とか疎明資料もあるんだから，それぐらいは報酬とは別途出してほしいなというのが率直な意見です．

甲木 実はそこは見直しの話があります．

緒方 そうなんですか．是非見直してほしいです．

髙松 お金の話がかなり絡んでいるような気がするんですが，当番弁護士制度を作ろうとされた先輩方は，もうお金なんか関係なくて，もう手弁当でやろうぜということでやられてたんだと思うんです．やっぱりこれだけ弁護士が増えて，若手の経済環境もだいぶ変わってきている中で，制度としてきちんと安心して取り組めるような体制になっていかないと，だんだん若手のモチベーションも下がって，結局，制度としてもちょっと下火になりはしないかなと心配しています．今日ここに来ている方々はみんな高い熱意を持ってやってますが，将来これから下の世代がまた意識も変わってくるでしょうし，そこら辺はもう少し具体的に変えていかないといけない部分があるのではないかなという気がします．

石井 東京とかですごいご高齢の弁護士が，国選事件が新しく出る日に待合室に大量に集まって，事件を"拾い"に行くという話を聞いたことがありますが，福岡は，今は全然無縁のように思っています．しかし，そういう波がちょっとずつ福岡にも及んでくるかもしれないなという気がします．そうはならないように，僕らはもちろん志は高くということが大事だと思いますけれども，なかなか実際の生活の問題があって，志だけではやれんよという状況が広がっていく中で，そこもちゃんと含めてやらないと，法的に弁護人の選任権が保障されているというのが実質的にはいえないということも問題としてはあると思うので，それは日弁連に，しっかり頑張って予算を取ってもらいたいなと思います．

安孫子 弁護の質の高い低いの問題で，良い弁護人とそうではない弁護人というイメージを持ったときに，極端に良くない，例えば弁護を全然しないとか，被告人質問をしないとか，保釈請求していないとか，そういうのはまだわかりやすいんですけど，結構実際に微妙な違いで出てくることがあります．面会のとき，どれぐらいきちんと本人の話を聞くのかとか，家族と連絡を取

るかどうかだとか，たぶん被疑者被告人側からすると，そっちのニーズを弁護士が満たしてくれているのかどうかというところで，弁護人の善し悪しを判断している部分も結構あると思います．刑事弁護として本当にやらなければいけない部分と，被疑者国選が普及していることで，本来は弁護士の仕事ではないと言っていいのかどうかわからないですが，本来，弁護士がスキルとして身に付けていない部分とか，研修も受けていないような仕事がたくさん今現実にあると思うんです．そこの部分をもうちょっと質を高める工夫というのがあってもいいのかなと思います．

　少年の関係でもよく思うんですが，何となく面会してないかとか，初回面談のときの話の聞き方だったり，言葉の選び方だったり，目線だったりとか，あと本人からどうやって情報を得るのか．事件の情報だけではなくて，目が泳いでいるとか，手が震えているとか，話し方とかで，もしかしたらそこが障害とかそういうものを拾うきっかけになるかもしれないとか，そういうものがだんだん求められているのかなあという気がしています．それは，弁護士の養成課程の中には全然入っていないので，そこまで刑事弁護としてやるべきだということで研修をやっていくのか，あるいは修習の中でやるのかとか，そこはむしろ余りやらないで，ほかの専門職に分けて，投げて，仕組みを作った方がいいのかとか，そういうことちょっと思ったりするんです．

　私が少年事件をやるときは，少なくとも審判後もかかわるような子のときは，ソーシャルワーカーとどっかで繋げて，審判後もかかわれるように大体しているんですけど，弁護士ではやれないけど，でも弁護士が事実上やっているとか，抱え込んでいる部分がおそらくあると思います．そこも報酬の問題とも絡みますし，すごく負担も重いではないですか．書面を書くのとはまた違う，なんだかいろんな負担がある．精神的なものとか．それもやるけど，費用を付けてもらう方法もあると思うし，やらずに別のところに費用をかけてやってくれという方法もあるし，そういうこともう少しやった方がいいのかなと．外部から評価して，ほかの専門職から弁護活動を評価してもらうとか，密室の面会室の中のスキルをもうちょっと高められないかとか，そういったものがもう少し中身の問題としてあるのではないかなと，弁護活動や付添人活動をやりながら時々考えたりします．

平田　確かに手続のレールに乗っかっていない仕事が多いので，私もよく調査

官とか裁判官といつ接点を持つかとか，捜査機関に対してどういう働きかけをしたらいいか，結構わからないで暗中模索でやっているところが多くあります．自分自身も不安というか，「これでいいのかなあ」とか，「遅すぎやしないか」とか，例えば先輩弁護士に相談したら「遅すぎるよ」とか言われたりするんですけど，刑事弁護だけではなくて，ほかの民事でもスキルとかノウハウみたいなところを共有したりする場がなかなか少ないようです．前は待合室で話したりしたという話をよく聞くんですけど，そういう密なつながりがなかなかない中で，弁護士会の委員会とか，そういう密な人間関係を形成できるところを大事にしていかないといけないんだろうなと感じています．

甲木 今の部分に関連するところだと，福岡は「刑弁ネット」というメーリングリストがありますけど，皆さんどんな感じですか．

服部 使ったことないですね．たまに時間があれば人の投稿は見てますけど．

髙松 私は1度だけ，裁判員裁判で量刑データベースの活用をどうされているかという投稿したことがあったんですけど，誰も返信がありませんでした．1名ダイレクトメールでご連絡いただいたんですが，刑弁ネットは非常に良いものとは思うんですが，新しくそこに入った人というのはハードルが高いというか，こんな基本的なところを聞いていいのかなという気持ちがあるので，そこは個人で何とかしてよという意見もあるかもしれないですけど，もう少し投稿しやすい，ちょっと小さめなグループとかがあってもいいのかとかも思いますね．

安孫子 弁護士会の中で1人か2人ぐらいしか知っていないかぐらいのことだったら，刑弁ネットに投げますけど，私も1回ぐらいしか投げたことはないです．皆さんの記憶にもしかしたらあるかもしれないですけど，裁判所で所持品検査が入ったときに，所持品検査が嫌だと言って出廷を拒んだというのがあって，それはたぶん個別に聞いても効率が悪いから，刑弁ネットに聞こうと思ってしました．

松﨑 そうですね．そういうのは絶対みんなに聞いてもらった方がいいですね．

石井 暗黙の基準みたいなのがたぶんあって，ちょっと調べればわかることは，信義として投稿したら問題があるということなのかもしれません．安孫子先生の件のように，自分の経験則がほとんどないものを見て，それに対するアドバイスとかを共有できることはいいことです．全く同じ事件ではなくても，そこで肝になるルールだとか，ものを知れるという意味では，すごく有益ですね．

甲木 民事と違い相手方（検察官）が投稿を見ているということがあり得な

いから，刑弁ネットが成り立っているところもあると思います．

　話が戻って申し訳ないですが，弁護活動をどのように評価して，その評価に応じた「報酬」をちゃんと支払うことができるかは重要なことだと思います．当番弁護士もただ働きになったらいけないという考えのもと，弁護士会全体からお金を集めて，実働した人にお金を払ってきました．ただ，弁護活動を適切に評価して，その評価に応じた「報酬」を支払えているかと言えば，そうできていない部分もあるかと思います．極端な話，民事でもどんなに頑張ってもうまくいかないものがあり，報酬が全くない事件もあると思います．そういうとき，依頼者や被告人などが評価するわけで，結局，それら人の評価が高ければ，そこから次の事件が来たりして，その中で「報酬」が支払われるというところもあると思います．もちろん実働した事件そのものの中で評価されて，それが報酬に反映されるというのが一番良いと思います．

　しかし，それ以外の面もあるのかなと思いつつやっています．私は，報酬が支払われる被疑者段階での接見と報酬が支払われない被告人段階での接見をほとんど区別していません．行かなければいけないときに行って，行かなくてもいいと思ったときに行かないというかたちでやっています．もちろん，被疑者段階で接見に多くいけば，報酬額は上がると思いますが，それよりも，それで良い結果出して，それが次につながれば，その方がいいやと思っています．国選事件で細々稼ぐというより，私選が増えた方がましだという発想もあるかもしれません．

石井　私が報酬に関して問題だと思っているのは，法テラスが弁護活動を評価して報酬が支払われることです．被疑者弁護援助制度は，報酬が定額であり，それは受け入れられるのですが，国選事件は，法テラスが弁護活動を評価して，報酬を上げたり下げたりされるので，「そっちじゃなくてこっちを評価してほしい」という思いが出てきてしまい不満が残ります．

緒方　示談内容で支払われる報酬が変わるじゃないですか．私は何度説明を聞いてもどの内容の示談でどの金額なのかよくわからなくて，結局，示談書を付けるので，法テラスで判断してくださいと言っています（笑）．

6．弁護活動への意気込みや抱負

甲木　最後の内容に移りたいと思います．〈当番弁護士制度は日弁連最大の

ヒット商品〉と言われるほどに大きく弁護士会の在り方を変えました．この当番弁護士制度の成り立ちなどを踏まえて，刑事弁護に限らず，これからの弁護士会に期待する役割とか，弁護士会の中でこういう活動をしていきたいとか，意気込みや抱負などがあれば皆さんお聞かせください．

石井 私は，触法障害者のことに軸足を置き新しく制度を作っています．しかし，なかなか広がっていかないなと感じています．当番弁護は，あらゆる世代の弁護士が関わって一気に盛り上がったようです．他方で，触法障害者制度は，おそらく必要性については，皆さんと共有できるんだろうと思っていますが，なかなか会全体で進められていないことが課題だと思っています．当番弁護士制度立ち上げ時の活動を参考にさせていただきながら触法障害者の制度も作っていきたいと思っています．あと一つ，先ほど中小企業支援の活動が人権活動なのか，職域拡大なのかという話がありましたが，当番弁護士制度を弁護士がみんなで作ったということは，弁護士会に対する信頼におそらくとても結び付いていったと思います．手弁当で被疑者・被告人の人権を守るためにやるんだ，採算度外視でやってきた実績があるということは，弁護士は人権のために活動しているということに結び付くと思うので，その功績を汚さないように，高い志でやっていかないといけないと思っています．

安孫子 今，会の活動としては，子どもの権利委員会の活動が私の中心ですが，最近は制度作りとか事務的なことをずっとやっています．法律や制度が変わるということが国レベルで行われ，それを福岡でなんとかしないといけないと思い活動しています．裁判所と協議したり，会長声明を出したり，決議を出したり，場合によっては日弁連のような全国単位で，政治的なことを含め状況を読みながら対応したりとか，そういうことをやっています．マクロ的な視点で活動することは弁護士会の役割として重要だと思います．しかし，弁護士として一番強いところというのは，直接ケース持って，ニーズを持っている本人に一番近いところで活動しているということだと思います．そこを基点に活動していくことが大事なのかなあと思っています．

　最近いつも思うのですが，制度に振り回されている気がします．もうちょっと泥臭いことを言ってもいいのになといつも思ったりするのですが，そこがなかなかできていない．枠組というか，いろんな制度が出来てきて，その合間を縫ってまたいろんなものを作ってはいるんですけど，よくよく考える

と，当事者本人のニーズに合っていないのではないかと気になることがあります．

　刑事も，国選の制度があって，被疑者弁護援助もあって，最近は裁判員も出来てとか，そういう制度の枠組は出来ていますが，やはり被疑者・被告人が何を望んでいるのか，そこにきちっと戻って考える必要があるのではないかなという気がします．何となく制度の中でやるということではなくて，当事者本人がどういうことを求めていて，それが弁護士の仕事なのか，当番弁護士の問題なのか，被疑者国選の問題なのかという意識を持ち，制度とズレが出ているのであれば，新しい制度を現場から作っていくような意識が大事だと思います．おそらく当番弁護を作ったときはそうだったと思うんです．現実に困っている人がいて，それを知っているのは弁護士だけだったから，弁護士が始めたんだというところがあると思います．そういうところをもう１回みんなで意識してできたらすごくいいのになと思います．やはり弁護士の役割は非常に大きい．私は弁護士の業界と違うところでよく活動しているので思うんですが，期待も大きいですし，弁護士でないとできないことがたくさんありますので，そういうものを形にできるようになっていったらすごくいいなと日ごろから思っています．

緒方　さきほど紹介した自死問題対策委員会での支援者法律相談など，当番弁護士制度をもととした出張相談に力を入れています．そういう出張相談で，本人からお金をもらうべきところはもらわないといけないけれども，資力がなくて本人がお金を出せないときでも，きちんと弁護士が行き届くような制度作りが，当番弁護士をもとに出来ているというところは本当に有り難いと思っています．だからこそ，今後も新しいニーズが出てきたら，本人が手弁当でするのではなくて，弁護士会で費用負担をして，それを制度としてやっていくという体制が作れたらいいなと，そういうことに積極的な弁護士会であってほしいなと思います．そして，当番弁護士制度が国選につながっていったように，相談制度がずっと手弁当ということではなくて，全国に広げていけるような活動をしていかないといけないと思います．弁護士会には，その必要性を理解していただいて，後押ししていただければありがたいと思います．

服部　私には，理想とかポリシーとか理念とか，そういうものはありませんが，誰かが何かをやってくれて，それを手伝えと言われれば手伝おうと思います．

しかし，弁護士会でやろうとすると，規則がどうのとか，常議員会がどうのとかいろいろ面倒くさいことがあって，やる気がそがれることもあります．

髙松 私は，当番弁護士の25周年のシンポジウムに出たときに，当時の先生方が非常に羨ましいなと感じたところがありました．自分たちの情熱だけでこれだけのものをやったんだというのが後世にも伝わっているのですから，自分たちの世代もそういうことをやってみたいなと感じました．

個人的には，被害者支援に，会としてもう少しエネルギーを使っていいのかなあと感じているところがあります．特に詐欺事件に個人的には興味を持っている部分があり，未だに年間何十億というお金が騙し取られているという中で，それは仕方がないよねという感じで今は終わっているところがあるので，もう少し制度的に何か我々ができることはないかなと普段からちょっと考えているところです．

平田 私は，弁護士会の中で中小企業の支援活動をしているんですが，安孫子弁護士が言われているように，中小企業の経営者が何を求めているかを常に敏感に感じるようにしていないといけないと思っています．

最近，日弁連で，全国の事業者に対して弁護士ニーズ調査というのをしましたし，同じようなヒアリングを福岡でも何ヵ所か行いました．弁護士がどこにいるかわからないというアクセス障害は，おそらく，ネットで調べたら名前は出てくるし，解消されつつあるのかなあと思うんですが，自分が抱えている問題を誰に相談したらいいのかわからない，どの弁護士が専門なのかわからないというところが肌ですごくニーズを感じるところだなと思っています．

私が実現できたらいいなあと思っているのは，精通弁護士制度です．その人の相談を聞いて，それに適切な弁護士を紹介するとかという制度を作れたらいいなあと思っています．専門認定とかは誰がするんだとか，いろんなハードルはあるんでしょうけど，ニーズがあるのであればそれに対応していかないといけないと思います．そうしなければ，弁護士の活躍する場面がどんどん狭められていくような気がします．

また，弁護士が関わることによる意味や必要性を認知してもらうには，すごく時間がかかることだと思うんですが，最初は手弁当でパイロット的にいろんなことをやって，徐々に認知の輪を広げていく必要があると思います．ただ，広げたはいいけれど，無償で手弁当でやってて，それをどう有償化し

て，会員により広げていくのかはすごく課題だなと思っています．その意味では，当番弁護士制度において有償化をして国の制度にしたところは，すごく参考になるところだと思っています．

松﨑 本当に当番弁護士制度はすごいなと思います．本日は議論の進行上，当番弁護士にやる気の無い弁護士役を演じましたけど，諸先輩方の努力の上に，現在の制度が成り立っていると痛感しました．これからはもっと熱心に刑事弁護に取り組んでいこうと思います．

甲木 長時間にわたりありがとうございました．聞いていて，なるほど，確かにそうだなと思ったのが，安孫子弁護士が最初に言われましたが，まさに元々弁護士には何が求められているかという根本に立ち返るというか，そこがすごく重要な気がしています．さらに気をつけておかなければならないのが，この当番弁護士も，それをやっていった中で，その意義が理解された側面があったのではないかという点です．

おそらく当番弁護士が始まる前の被疑者は，今の段階で弁護士がいた方がいいんだよというニーズを持っていたかというと，たぶんそうではなかったと思います．ニーズを持っていたら私選で弁護士を付けていると思うんです．それなのに被疑者が私選弁護人を付けてこなかったことは，弁護人が付いたら何が変わるのかということすら理解されていなかった，本当はそのニーズがあるはずなのにそのニーズにすら気付いてなかったところがあると思います．だから，一体何が求められるのかに関しては，当然そこを中心に考えなければいけませんが，純粋に今現在いる被告人なり被疑者なり依頼者なり，あるいは中小企業なり，そういう人たちが口に出して今求めているニーズだけではなくて，その人たち自身がまだ見えてないニーズ，あるいは意義を見い出していく必要があると思います．

でも，見えていないニーズを言ったところで，そんなの全然要らないのでないのと思われるところもあると思います．その場合には実践していきながら，なるほど，確かにそれは意義があったとか，それは確かに重要だったと理解してもらって，制度を広げていくことが重要なのかなと思いました．

非常に実のある座談会になったと思います．本当にありがとうございました．

（了）

●第３部／当番弁護士・被疑者国選弁護制度による刑事弁護の変化

事例報告①
窃盗罪で現行犯逮捕された少年の勾留請求が却下された事例

一坊寺麻希

弁護士

●事例の概要

　本件は，コンビニエンスストアで制汗剤（販売税込価格1,026円相当）を店外に持ち出したとして，窃盗罪で現行犯逮捕された少年（当時16歳）について，当番弁護士として接見し，その後，法律援助制度を利用して勾留阻止に向けた活動を行い，勾留請求が却下されたという事例である．

1．「僕はADHDだから」

　盆休みの初日である８月13日．初めて面会した少年は，言い訳じみた感じで私にそう話した．

　少年は，飲食店でアルバイトをしながら通信制の高校に通う16歳．母親と二人暮らし．逮捕時は家出中だった．

　少年の話によると，事件の内容はこうだ．

　８月12日午後９時半過ぎ，先輩と一緒にバスケットボールをした帰り，コンビニエンスストアに寄った．商品棚にあった制汗剤を手に取り，トイレに向かった．トイレで髪を整えるために，持っていたショルダーバックに挟むような形で制汗剤を小脇に抱えた．もう少し店内を見る予定だったが，店の外では先輩が待っていた．一言声をかけなければいけないと思い，店を出た．そのときだった．店長に呼び止められ，「商品を盗ったやろ」と言われた．自分は万引きするつもりなどなかったため，「お金を払うつもりだった．ち

ょっと話を聞いてください」と言った．しかし，店長から壁に押さえつけられたため，イラっとして「ふざけんな！」と怒鳴ってしまった．

　私が最初に少年の話を聞いて思ったことは，なぜこの少年は逮捕までされたのだろうということ．これまで補導歴はあるものの，前科前歴はない．少しヤンチャな今時の子という印象．この少年が勾留請求までされるのだろうか．

　しかし，少年の話を聞き，何となく理解した．少年は，店長に呼び止められたあと店長と揉めて暴言を吐いたりしたというのである．その言い訳として，少年は「ADHD」を挙げたのだ．しかも，少年は窃盗の故意を否認している．おまけに家出中である（少年からは家出について言わないで欲しいと言われた）．さらにいえば，翌14日は日曜日である．その後事件を担当するわけではない当番の検事が簡単に勾留請求することは考えられる．

　私は，法律援助制度で受任し，勾留請求を争うことにした．

　少年との接見後すぐに事務所に戻り，まず少年の母親に電話をした．接見内容を報告した上，被害店舗に謝罪を行うように伝えた．それから翌日の面会を取り付けた．

２．少年の母親と面会

　盆休みの２日目，８月14日．少年の母親と面会した．

　いい意味で普通のお母さん．少年のことを想い，心配している．かといって過保護でもない．

　家出について母親に尋ねた．少年は，頭に血が上ると自らを制御できず，暴言及び暴力に走る傾向があった．母親が少年に注意したところ，口論になり手がつけられなくなったため，先輩の家に泊まらせていたということだった（ただ，数日後には帰るという話になっていたようである）．これまでも，母親が手をつけられない状態となり，少年が児童相談所に一時保護されるということが何度かあった．

　少年は，心療内科を受診し，「ADHD」と診断されて薬を処方されていた．もっとも，薬の副作用を嫌って，逮捕時は服薬を中断していたようだった．

　私は，少年の母親の話を聞いて，少年が言い訳じみて使っていた「ADHD」を単なる少年の言い訳として理解してはいけないと感じた．

　ただし，児童相談所に何度も入所している点について，その原因の全てを

少年の「ADHD」によるものと判断していいものかは迷いがあった．母親の監督能力に問題があるのではないか．しかし，この日母親と直接話をした限り，母親に大きな問題があるようには感じられなかった．

母親と面会した後，再び少年と面会した．初回接見時，すでに自白調書をとられていた．私は，少年に，検察官にきちんと自分の言い分を話すように伝えていた．しかし，少年によると，検察でも万引きするつもりであったという内容で調書をとったし，今後争うつもりもない，とのことであった．少年の逮捕時の所持金は245円であり，万引きするつもりがなかったと言っても信用されないと思うから，ということだった．

少年は，母親との関係で否認しているのではないかと私は感じた．

いずれにせよ，本件は自白事件として進めた方が良いだろうと考え，少年から弁護人選任届と誓約書をもらって事務所に戻った．

早速，勾留請求された場合に備えて，裁判所宛の意見書を作成した．万引きの故意は争わないことは当然ながら，少年の要望どおり，家出についても触れなかった．少年がしきりに言っていた「ADHD」についても勾留を争う上では不要と考え，特に記載しなかった．

とにかく少年であること，初犯かつ被害金額が小さいこと，勾留を継続することによる少年（の仕事や高校など）への影響を強調しようと考えた．

3．少年は無事釈放

盆休み最終日の８月15日．警察に連絡をしたところ，午前中に裁判所で勾留質問ということが分かった．急いで検察庁に弁護人選任届を提出し，裁判所に意見書を提出した．

その日の正午，裁判官から電話があった．家出の点と母親の監督能力について聞かれた．私は，母親と喧嘩して家出中であったことはその通りであるが，近々帰る予定であったこと，母親が今日店舗に謝罪に行くこと，面会した限り監督は十分できることを伝えた．

今考えると，裁判官に指摘される前に，当然，家出については捜査機関も把握していることを前提として，その点について手当てをしておくべきだった．

何はともあれ，その直後に勾留請求が却下されたとの連絡を受け，少年は無事釈放された．こうしてお盆の怒涛の３日間は終わった．

4．予想どおり保護観察

　ちなみに，家裁送致されてから，私は少年付添人援助制度を利用して付添人となった．

　実は，少年は，釈放後も児童相談所に2度一時保護されていた．母親に事情を聞くと，薬の効果が出始める前，少年と取っ組み合いのけんかになり，手が付けられなくなったため一時保護されたが，その後は落ち着いているということだった．結局，このときも「ADHD」が原因として結論付けてしまったが，実際「ADHD」のせいなのか，今でもよく分からない．

　その後も何度か母親と面会して，「母親による締め付け」も少年の逸脱行動に影響しているのではないかと感じるようになった．釈放後，母親は，外出禁止など少年に厳しいルールを課していた．私は，このような締め付けは逆効果ではないかと心配したが，少年は，無理のない範囲で生活できている，息抜きも出来ていると話していたため（私自身，保護観察になるだろうという思いもあり），結局，そのことに深く踏み込めなかった．

　意見書では，少年の特性と母親との関係に問題がある点を指摘しつつ，釈放後に再度児童相談所に一時保護される事態が生じたことも正直に伝え，今は薬の効果が出始めて落ち着いた日々を送っていること，児童相談所には月1回のカウンセリングに行っていること，母親とは，ルールを設定しつつ少年の状況を見ながら息抜きができる環境を作り，少年自身無理のない生活をしていること，現在，大学受験の勉強をしていることなどを述べた．

　少年は，予想どおり保護観察となった．

5．強く望まれる被疑者国選の逮捕段階への拡大

　本件については，正直なところ，勾留請求されるか否か様子をみようかとも考えた．

　しかし，勾留請求されることを前提に動いてよかったと思う．勾留請求されない可能性があるとしても，勾留請求されることを前提に早期に活動することで，早期の身体解放に繋がる．当番弁護士として勾留前に活動できる機会が与えられている以上，法律援助制度を利用し，勾留前に活動することが大切である．

2018（平成30）年6月から，勾留されている全ての被疑者について，国選弁護人を付すことが可能となった．しかしながら，勾留後に弁護人が付されるというのでは遅いのではないだろうか．本件のように勾留前に弁護人が活動する必要性が高い事件は多い．本件でも，少年の母親からの当番弁護士出動要請がなければ，少年は勾留され，身体拘束が長引いていたことが予想される．したがって，被疑者国選対象事件が逮捕段階にまで拡大されることが強く望まれる．

（いちぼうじ・まき／福岡県弁護士会）

●第3部／当番弁護士・被疑者国選弁護制度による刑事弁護の変化

事例報告②
精神疾患の疑いがあるとして早期の釈放を獲得した事例

高柴将太

弁護士

> ●事例の概要
>
> 　本件は，統合失調症の疑いのある被疑者（当時63歳，以下，「A」という）が，役所に手続に行った際に，係員の顔面を1回殴打し，加療約3日間の頭部擦過傷を負わせたとして，現行犯逮捕・勾留されたが，早期の環境調整等を行ったことによって釈放されたという事例である．

1．認知症等の疑い

　私は，被疑者国選弁護人に選任された後，早速本人に面会を行った．Aさんは物腰が柔らかく，こちらの質問に対して，はきはきと答えてくれる．会話はスムーズに進んでいた．Aさん曰く，「自分はやっていない」とのこと．そこで，今後の方針について綿密に打ち合わせを行った．

　打ち合わせを行う中で，Aさんに逮捕日を確認してみた．すると，わずか2日前であるにもかかわらず，覚えていないと回答した．

　他にも生活歴などについて確認したが，回答内容はしっかりしていて特に問題はなく，Aさんは逮捕日だけ覚えていなかった．

　しかし，何か違和感があったため，次の日もAさんの面会に行った．やはり事件の内容について会話をしても特に違和感はない．そこで，警察署の留置係に，Aさんに物忘れが多いなど何か問題はないか尋ねた．すると，留置係の警察官は，Aさんが短時間に同じことを何度も尋ねてくることと教えてくれた．

私は，検察官に電話をし，Ａさんには認知症等の疑いがあるとして配慮を求めた．
　その次の日，Ａさんのお子さんと連絡がとれた．Ａさんの持病について尋ねたが，特に持病はないとのこと．Ａさんと別居していたため，２週間に１回程度会うだけの関係であったが，認知症等の症状があると感じたこともなく，病院に連れて行ったことはないとのことだった．

２．生活状況，入通院歴，犯行前の状況の確認

　そこで，次の面会時には生活状況，入通院歴，犯行前の状況につき詳細に確認するとともに，簡単な短期記憶のテストを実施した．具体的には，「猫，鉛筆，ロケット」のように無作為な単語を３つ記憶してもらい，復唱できるか確認するものである．
　Ａさんは記憶してもらった直後には復唱できた．しかし，30秒ほど別の話をした後にもう一度復唱してもらおうとしたところ，「何のことを言っているの？」と単語を覚えてもらう会話をしたこと自体を忘れていた．
　私は，やはりＡさんは認知症のような症状があるのだと思い，その対応に向けた準備を開始した．
　ところが，その翌週，検察官から私に電話があった．検察官曰くＡさんに妄想のような症状が見受けられるとのことであった．そして，任意入院をすれば処分保留で釈放する旨打診があった．
　そのような妄想の症状について把握していなかった私は，あわててＡさんに面会に行った．検察官から教えてもらった妄想の内容について質問してみると，確かに被害妄想や幻聴と思われる話をし始めた．
　そこで，私は，Ａさんに対し，Ａさんには「私の質問を覚えていないなど物忘れの症状等があり，体調に何らかの問題を有している可能性がある」旨告げ，病院の検査を受け，入院する意向がないか確認した．

３．釈放，そして任意入院

　Ａさんは，最初は難色を示していたものの，任意入院する旨決断してくれた．
　私は，Ａさんのお子さんにも連絡をとり，妄想のような症状があること，

任意入院が必要であることを説明した．

Aさんのお子さんも妄想のような症状に気づいておらず，最初はびっくりしたようだった．しかし，幸いにもお子さんにAさんの症状を理解してもらい，任意入院に向けて協力してもらえることとなった．

そして，お子さんの協力により，Aさん及びお子さんの自宅いずれからも近い病院において，診断の上，任意入院できる旨確約を得た．そこで，検察官にそのような任意入院が可能な態勢が整った旨伝えたところ，翌日Aさんは釈放された．

その後，Aさんは，病院において統合失調症である旨診断を受け，一定期間入院した後，現在も通院を行っているようである．また，Aさんは，生活保護の受給を開始し，ケースワーカーと定期的に面談し，生活について指示を受けているようである．

4．被疑者国選制度の有用性

今回，被疑者国選弁護人として出動し，早期に被疑者の問題に気づき，検察官との情報共有ができたことから適切な対応が可能となった．私は，被疑者に何らかの問題があることを早期に把握して対応ができた本件事案を通じて，改めて被疑者国選制度の有用性を実感できた．

もっとも，Aさんの認知機能に問題がないか慎重に検討していたにもかかわらず，妄想等の症状についてまったく気づくことができなかった．幸いにしてAさんは必要な治療を受けることができた．しかし，他にもAさんのような人について適切な対応がとれるよう，被疑者国選制度の運用を担っているわれわれ刑事弁護人が予断を排して慎重に対応しなければならないとも改めて認識した．

（たかしば・しょうた／福岡県弁護士会）

●第3部／当番弁護士・被疑者国選弁護制度による刑事弁護の変化

事例報告③
強姦致傷等で逮捕された男性が，早期の示談交渉で不起訴処分となった事例

藤村元気

弁護士

●事例の概要

　本稿は，30代半ばの男性が，SNSで会った少女から虚偽の被害届を出されたことで身柄を拘束された事件について報告するものである．

　当該事件それ自体については，被疑者は起訴されなかったものの，その捜査の中で，この男性が複数の他の未成年者と性的関係を持っていたことが判明していった．示談等の被害者対応の結果，最終的に1件のみが起訴され，執行猶予判決を言い渡されることとなったが，不起訴となった事件の中には裁判員裁判対象事件もあり，また，すべての事件が起訴されていればかなり厳しい量刑となることも想定されたため，とりわけ被疑者時点での弁護活動が重要な事件であった．

1．当番弁護士の出動要請

　「先生に当番弁護士のFAXが来てますよ」．事務局からそう告げられて机の上を見ると，FAXで送られてきた当番弁護士の出動要請書が置かれていた．弁護士には当番弁護士の担当日が割り振られており，概ね1か月半に1回のペースで担当日がやってくる．出動要請の多くは身体を拘束された被疑者本人からなされるが（被疑者本人は身柄拘束下で電話がかけられないので，被疑者の希望を受けて留置場が取り次ぐことになる），たまたまその日に事件が少な

ければ，担当日に出動要請が回ってこないということもある．

ともあれ私は出動要請書に目を通した．出動要請書に書かれているのは，被疑者の氏名，年齢，身体が拘束されている場所，そして罪名（この被疑者については福岡県青少年保護育成条例違反と書かれていた），ほぼこれだけである．詳しいことは被疑者本人に会って聞かなければ分からない．

2．接見，そして被疑者ノートの差入れ

私は早速，警察署に行き，接見の手続を済ませた．接見室に入ると，目の前には見た所30代半ばと思しき男性が座っていた．

私は簡単に自己紹介を済ませ，何があったのかを尋ねると，この男性は，前日に突然警察官が自宅にやって来たこと，その警察官から「15歳の少女とセックスをしただろう」と言われて逮捕されたことを淡々と話した．彼は細身で，おそらくどこにでもいるであろう，気弱そうな印象の人物だった．私は，未成年者とセックスをすると「淫行」として条例違反の罪に問われることなどを一通り説明し，彼からさらに詳しい事情を聴くことにした．彼は，確かにその少女とはSNSで知り合った，会ったこともある，けれど性行為は誓ってしていないと訴えた．私は彼に，今から「被疑者ノート」という日々の取調べ内容をメモできる日記のようなものを差し入れるので，取調べで聴かれたこと，答えた内容などをできるだけ詳しく書くようにと伝えて，被疑者ノートを差し入れ，その日は警察署の接見室を後にした．

3．認められた勾留場所を拘置所に移す準抗告

その後も接見を繰り返して事情を聴いていくと，彼の携帯電話やパソコンは警察に押収されており，SNS上のやりとりなども既に見られているようだとのことだった．また，捜査機関が淫行があったと考えている根拠は，少女の供述のみのようであった．彼は，SNSで知り合った何人かの少女と性的関係を持ったことは認めていたが，この少女とは性行為はしていないと強く主張していた．彼は，連日の取調べで目に見えて疲れ，弱っていった．

「自分はしていないんですけど，認めたら出られるんですかね．」逮捕から1週間が経過した日の接見中に，彼は，疲れ切った様子で私に聞いてきた．私は彼に，余罪について追及されているのであれば，認めても別件で改めて

逮捕される可能性があるから，必ずしも出られる保証はないこと，何より嘘をついて認めることは絶対に良くないことを伝えた．

　彼の疲弊している様子から，私は，裁判所に対して，被疑者が過酷な取調べで疲弊していることなどを理由に，勾留延長に対して不服申立て（準抗告）をするとともに，勾留場所を留置場から拘置所に移すことを求める準抗告も行った．

　またあわせて検察官に対しては，被疑者は無実なので起訴をするべきではないということを内容とする意見書を提出した．

　ちょうどその日，裁判所から事務所に連絡があり，勾留延長に対する準抗告は棄却したが，勾留場所を拘置所に移す準抗告は認めたことが伝えられた（後に決定書も受け取った）．彼は，直ちに警察署の留置場から拘置所へと移されることになった．

　勾留満期を迎えた日，彼は起訴されることなく，処分保留で釈放された（後に不起訴処分とされた）．

4．再逮捕

　しかし彼の身柄が解放されることはなかった．

　彼はそのまま，別の17歳の少女と性行為をしたという福岡県青少年健全条例違反の罪と，その少女に，半裸の姿を携帯で撮って自分に送らせたという「児童買春，児童ポルノに係る行為等の規制及び処罰並びに児童の保護等に関する法律」違反の罪の疑いで再逮捕されてしまったのである．彼は元の警察署の留置場に戻されてしまった．

　彼と接見をして話を聞くと，彼は，今回の事件についてはそのとおりだと認め，この少女とは2年くらい前から交際していると答えた．

　なぜこの少女が被害届を出したのか心当たりはあるかと聞くと，彼は，警察官が，彼の携帯電話などの連絡先に手当たり次第に連絡をして，彼と性的関係を持っていないかなどを聞いており，その中で出てきたと思うとのことだった．

　この事件についても，私は，勾留延長に対して準抗告をし，検察官には起訴猶予を求める意見書を提出した．しかし，いずれも受け入れられず，公判請求をされることとなった．

　彼はさらにその後，別の11歳の少女に対してその乳房や陰部を弄んだとい

う強制わいせつの罪と，この少女を姦淫して処女膜裂傷の傷害を負わせたという強姦致傷の罪の疑いで勾留された．

5．同僚弁護士との相談

　13歳未満の少女については仮に同意があっても強制わいせつ罪，強姦罪が成立するし，強姦致傷罪については裁判員裁判対象事件であったので，同じ事務所の石井忠祐弁護士に協力を仰ぎ，一緒に対応してもらうことにした．
　石井弁護士と一緒に彼と接見をすると，その少女と性行為を行ったのは間違いない，とのことであった．しかし，彼によれば，きちんと年齢は確認しなかったけれど，まさか11歳だとは思わなかったということであった．
　彼は，無理矢理に性行為をしたことはないし，出血もしていなかったから裂傷を生じさせてはいないと思うとのことであった．
　これまで彼と接見を繰り返してきた印象として，確かに，彼は無理矢理に性行為を行うタイプではないと思った．しかし，無理矢理ではなくても，若年者は性行為のリスクを正しく理解できずに行為に及んでしまうことがあるからこそ，13歳未満の女子については同意の有無にかかわらず強制わいせつ罪，強姦罪が成立する．そのことを時間をかけて説明し，あなたの振る舞いは本当に成人している年長者として適切だったか冷静に考えてほしいと伝えた．
　すると彼は，自分は，年が離れているのに，相手を子どもではなく対等のように思ってしまっていたと言い，自分の考え方が間違っていました，と答えた．そして，できればこの少女に謝罪をしたい，可能であれば示談をしてほしいと言った．
　しかし私たち弁護人はこのとき，同時に一つの悩みを抱いた．13歳未満の少女に対する強制わいせつ，強姦事件である．賠償金の額は低額では済まない．ここでお金を使い切ってしまった場合，もし仮に今後，さらに別の事件で逮捕されたり起訴されたりすることがあれば，その事件の示談金が準備できないということになりかねない．私と石井弁護士は話し合い，彼に，現在，他の事件での取調べを受けているか，他の事件で捜査をすることをほのめかすような言動がないか，現状の取調べの状況等を詳しく聞くことにした．聞くと，今の取調べはこの件だけで，他の事件で捜査がされることは想定しにくい状況であった．結果，これ以上余罪の捜査が続かないと判断して，少女

への謝罪と示談を進めることになった．このような判断をしていくうえで，一緒に事件を担当してくれる弁護士の存在は大変重要である．ここで示談をすると自信をもって決められたのも，石井弁護士の存在あってのことであった．

6．謝罪と示談で不起訴処分

　早速，検察官に，謝罪と示談の意向があるので，被害者と連絡をとりたいことを伝えたところ，検察官は，被害者の意思を確認して，こちらに連絡先を伝えてくれた．

　私と石井弁護士で被害者の母親と連絡を取って自宅を訪問した．通された居間で，対応した母親に対し，私と石井弁護士は，平身低頭，謝罪の意思を伝えた．また，示談金として200万円を準備していること，示談を希望していることを伝えた．被害者の母親は，悩んだ様子であったが，最終的には，告訴の取消しをする，被疑者が不起訴となることを希望するとまでの言葉を頂いた．示談書と告訴取消書に署名押印をもらい，事務所に戻った後，検察官に，被害者は被疑者が不起訴となることを希望していること，強姦致傷の致傷部分については，出血をしていたとの認識もなく，こちらとしては争う意向であることを記載した上申書を送付し，また告訴の取消書も提出した．

　結果，彼は不起訴処分となった．

　公判請求をされた青少年保護育成条例違反，児童ポルノ法違反の事件について，検察官は懲役１年６月を求刑し，裁判所は１年６月の懲役（未決拘留日数20日を算入），執行猶予期間を３年とする判決を言い渡した．

　被疑者段階で勾留延長に対する準抗告を申し立てることはよくあるが，勾留場所の変更を求める準抗告の申立てを行い，これが認められたことは私の中では珍しい経験であった．この申立てにあたっては，捜査機関から過酷な取調べにあっていることを主張したが，その根拠となったのが，最初の接見のときに差し入れていた被疑者ノートであった．彼はその被疑者ノートに，取調べのときの捜査官の具体的な言動を記載していた．

　また，方針決定や被害者対応において，複数の弁護士で対応できたことも大変に幸運なことであった．謝罪や示談にあたって，弁護人が被害者に会うとき，弁護人は被害者の人となりを知らず，被害者もまた弁護人のことを知

らずに対応することになる．こちらが配慮ない一言を発してしまえば，もはや加害者に対する宥恕など望むべくもないということになるし，他方で不当な求めは毅然として断らなければならない．結果として本件ではどちらの事態にもならなかったが，そのような緊張感のある場面において，信頼できる弁護士とともに対応にあたれたことは，心理的にも大きな支えとなった．

7．おわりに

　改正刑法が施行され，2017（平成29）年7月13日から強姦罪は強制性交等罪となり，また強制わいせつ罪と強姦罪改め強制性交等罪は，それぞれ非親告罪とされた．

　したがって，もし今，同じ事件が起きた場合，告訴の取消しを受けても捜査は進むため，同じ展開になったかどうかは分からない（もちろん，被害者が刑事処分を望まないと言っている以上，捜査機関としても公判請求には慎重になるとは思うが，起訴されない保証はどこにもない）が，被疑者段階の弁護活動の一記録として報告したい．

（ふじむら・げんき／福岡県弁護士会）

●第3部／当番弁護士・被疑者国選弁護制度による刑事弁護の変化

事例報告④

通貨偽造が疑われた少年への連日接見と黙秘方針で同罪での家裁送致を回避した事例

木薮智幸

弁護士

●事例の概要

本件は，通貨偽造が疑われた少年に対し，連日の接見を行い，黙秘を貫徹させ，同罪での家裁送致を回避することができた事例である．

1．接見での印象

報道では，被疑者が，数十枚単位の偽造された一万円札を地域的にも広範な複数の箇所で使用したとされていた．

このような事件で想定される被疑者像とは，知的犯罪に熟達した猛者や，あるいは高度な技術を持った組織的犯罪に関与している者，というのが一般的ではないかと思う．

しかしながら，この事件の被疑者であるとして，接見に赴いた私の目の前に座っていたのは，20歳に満たない，人懐っこそうな少年であった．

少年の言い分によると，「偽札はホストクラブに勤めていた時に，ツケの支払いとして客から受け取った．偽札とは思わなかったが，少し違和感があるような気がしたので，さっさと使ってしまおうと思った」というもので，この内容は接見に出かけた時点で既に弁解録取書として調書化されていた．

少年の述べる「違和感」が具体的にどのようなものであったかどうかはともかく，少なくとも少年自身，今回問題とされている通貨について，全く問

題のないものと考えて使ったというわけではないようであるし，また客観的な証拠から明らかになっていた使い方の態様からも，その点を争うことは無益であるように考えられた．

一方，少年によると，通貨を偽造した事実はなく，偽造を疑われるような道具（プリンターや印刷物の加工道具など）も自宅や滞在先には一切無いとのことであった．

2．「完全黙秘」の弁護方針

通貨偽造及び同行使罪の法定刑の重さ（無期又は3年以上の懲役）から，この事件は起訴されれば裁判員裁判の対象となる事件であったため，私のほか，刑事弁護において著名な福岡県弁護士会の先輩が国選弁護人に選任されていた．私は，裁判員裁判などで選任が認められる2人目の国選弁護人として選任されることとなった．

選任後，先輩弁護人と入念に打ち合わせを行った結果，本件については，「完全黙秘」を貫くことを弁護方針とした．先の弁解録取書の内容や通貨の使われ方から，「収得後知情行使等（刑法152条．通貨を取得した後にそれが偽造であることを知って行使した場合に成立する罪で，法定刑は使用した額面の3倍以下の罰金または科料）」の成立はやむを得ないものの，本件通貨の入手方法などについて，少年に供述を安易に許すことで，結局は本人が事実に反して通貨偽造の事実や，偽造通貨として入手した事実を自白させられる危険を回避することがその狙いであった．

「完全黙秘」を貫かせること，被疑者の性格にも左右されるが，弁護人として非常に気を遣う弁護方針であり，率直に言って弁護人側の負担も大きい．さらに，本件は被疑者が海千山千の大人とは正反対の少年ときている．被疑者を励ますこと，捜査状況を具に把握すること，そして被疑者との信頼関係を維持することを目的として，相弁護人と協力して，原則として毎日どちらかの弁護人が接見するという計画を立てた．

折しも，本件に関する最初の勾留決定がなされたのは12月24日．それから日々の接見が続けられた．年末年始もほぼペースを落とさず続けられ，当時の私の手帳によると，12月31日の18時に警察署に赴いたことが記録されているし，正月三が日には大分県にある私の実家から直接接見に出かけた記録もある．

3．被疑者取調べ適正化の申し入れ

　少年が自ら通貨を偽造し，それを使用したとの強い疑いを有していた捜査機関は，完全黙秘を貫こうとする少年をやすやすと見過ごすような真似は取らなかった．連日，3時間から6時間程度の取調べが続けられ，少年によると「次第に追い詰められているのは分かっている」，「お前は生きている価値のない人間だ」，「お前が偽札を作ったことは確信している」などと少年を挑発する言葉が繰り返し述べられたとのことであった．日々の接見に際して，これら捜査機関の手法に対する対処方法を具体的に指示する必要があった．時にはこれらの挑発を超えて，「監督対象行為」（少年に対して取り調べ期間中特定の姿勢を取り続けることを求めるなど）が行われた折には，捜査機関に対して当該行為が「被疑者取調べ適正化のための監督に関する規則違反」であることを指摘する苦情申出書を内容証明郵便にて送付する対応も複数回行った．

　本件に関しては捜査機関も粘り強く，20日間の勾留期間満了後に少年は同種の被疑事実にて再逮捕され，さらに20日間勾留される結果となった．これに対して少年は最後まで完全黙秘を貫き，結局のところ，偽造通貨行使罪でのみ家裁送致されることなり，通貨偽造としての送致されることを自ら回避することができた．

4．少年の環境調整

　当番弁護士として先輩弁護人が逮捕後速やかに接見に赴き，事情を詳しく少年から聞くことによって，適切な弁護方針を立てることが出来たことが結果に繋がったものであるし，また被疑者段階で弁護人として選任され，頻繁に接見の上事情を聞き取ること，それに加えて少年を落ち着かせ，励ますことが出来たことも結果に大きく寄与したと考えている．本件では複数選任が認められたことも，より厚い弁護体制を設けることに役立った．

　完全黙秘を貫いていた期間，接見の時間帯にはたくさん話をさせ，精神状況を幾分でも改善したいと考えた．少年は，将来の話や仕事の話に加え，年頃らしくファッションや恋愛の話など，様々な話題について会話をした．私から見て，少年は非常に理知的で，うまく訓練すれば知恵で未来を拓いていくことができる能力を有しているように見えた．捜査対応と合わせて，少年

の今後について環境調整を図っていたところ，少年の親族がとある私立大学の理事であることが判明し，その方に，以後の少年の教育や監護を依頼することができた．

5．おわりに

事件が終了して数ヵ月した後，少年から直筆の手紙を受け取った．進学に向けて勉強していることに加え，「逮捕されている時に，先生といろんな話ができたことが一番楽しかったです．先生みたいになれるよう頑張ります」との記載があった．口のうまいあの子が書きそうなことだ，と苦笑いしながら，今後自分の能力で未来を切り拓き，社会人として幸せを掴み取って欲しい，と心から望んだ．

（きやぶ・ともゆき／福岡県弁護士会）

●第3部／当番弁護士・被疑者国選弁護制度による刑事弁護の変化

事例報告⑤
公務執行妨害で逮捕されたが，勾留準抗告が認められ，略式処分になった事例

大野智恵美
弁護士

> ●事例の概要
> 　本件は，居酒屋で友人と飲み相当程度泥酔した被疑者（30代，男性，以下「B」という）が，周囲にいた他の客と揉め，駆け付けた警察に泥酔者として保護されパトカーに乗せられた後，パトカーで被疑者の隣に乗り込んだ警察官の胸倉を掴み，掴んだ右手でのど仏付近を突き上げるような動作をしたとして公務執行妨害で逮捕された事案である．その後，Bは勾留されることとなったが，勾留に対する準抗告が認められて釈放され，最終的には略式処分となった．

1．3件の接見要請

　福岡では，全国でも珍しく部会制をとっており，福岡部会のほか，筑後，北九州，筑豊という4つのブロックに分けられており，私は，筑後部会に所属している．筑後部会における当番弁護士は，久留米・小郡・八女・筑後・柳川・うきはの警察署につき大牟田市以外の弁護士1人が担当することになっている（なお，大牟田警察署の事件については，大牟田の弁護士1人が担当することになっている）．当番弁護士の担当日に出動要請がない日もあるが，日によっては複数の接見要請があり，それぞれ別々の警察署から接見要請がなされる日も少なくない．筑後部会の各警察署へのアクセスが悪いこともあり，

久留米警察署以外の警察署から複数の接見要請がなされると，当番弁護士の出動業務だけで1日が終わってしまうことも覚悟しなければならない．
　私は，当番担当日，本件事件を含め，3件の出動要請があり，いずれも別々の警察署で，久留米市から見て北，東，南西方向の警察署だったため非常に慌てたのを覚えている．当時，別に少年事件も担当していたため，午前中に福岡市内にある少年鑑別所へ行き，午後は各被疑者の接見へ向かうため，高速道路を利用して急いで各警察署を回った．Bはこの日最後の接見であった．

2．弁護方針の検討

　私がBと接見できたのは午後7時20分のことであった．Bは，本件犯行時，酒に酔っていたこともあり記憶が曖昧な感じもあったが，警察官の胸倉を掴んだことは認めていた．Bの話によれば，ちょうど自宅を新築し近日中に引き渡しの手続があり，仕事も長くは休めないとのことであった．ちなみに，Bは，普段は真面目に仕事をし，3人の幼い子ども達を大切にする良い父親であったが，お酒を飲むと酔って暴れることがあるという一面があり，お酒を飲んで揉め事を起こすこともあったようである．
　Bの話を聞いた私は，警察官に怪我がなく，前科もないBが勾留されるのはおかしいのではないかと考えた．何より，Bには定職があり養うべき家族もいたので勾留の要件を充たしていないと考え，勾留に対する準抗告が認められる可能性が高いのではないかとも考えた．
　また，この日出動した他の2件についてはすでに受任することが決まっており（被疑者援助と私選），いずれも被害者との示談交渉など被疑者弁護活動が難航することが容易に予想される事件であった．さすがに別々の警察署の刑事事件を同時に3件も抱えることには不安があったので，Bについては，早期に釈放されて欲しいという気持ちも正直なところあった．
　そこで，私は，躊躇なく準抗告の申立を行うことを決めた．そして，Bに対し，準抗告が認められれば早期に自宅に戻れること，国選対象事件ではないので私選で弁護人に選任してもらう必要があること，資産がなければ被疑者援助を利用できること，Bの妻にも協力してもらう必要があることなどを説明した．

3．準抗告を申立て，そして略式命令

　Bは，とにかく早く自宅に戻りたいので，被疑者援助を利用して，準抗告をして欲しいということだった．私は，夜遅くに事務所に戻った後，被疑者援助の申し込みをし，Bの妻に連絡し翌日に必要資料を持って来てもらうことなど必要な準備を進めた．

　翌日，私は，Bの妻と面談した．Bの妻は，これまでBがお酒でトラブルを起こしてきたこと，飲み過ぎないように言ってきたがBが話を聞いてくれなかったこと，自宅の引き渡し・住宅ローンの手続がBなしでは進められないこと，Bは子ども達を可愛がっていたので，今は子ども達が「パパは？」と聞いてくるので辛いこと，仕事も真面目に勤務していたので，すぐに戻ってくればそのまま働くことができると言われていることなどを話してくれた．そこで，私は，Bの妻の話をできるだけ盛り込んだ身柄引受の誓約書を作成し，妻に署名・押印してもらった．

　4月9日，私は，新築した自宅の資料や長年仕事を真面目にしていた証拠（在籍証明書，給与明細書），Bには幼い子どもがいることの証拠（住民票）と妻の身柄引受の誓約書を添えて，準抗告を申し立てた．準抗告申立書には，公務執行妨害罪では被害者が警察官であり罪証隠滅のおそれがないこと，Bが置かれている環境下において逃亡のおそれなどないこと，身体拘束が長引けば失職する可能性もあり，勾留の必要性がないことなどを記載した．

　Bは，今すぐ解雇される可能性が高いわけではなかったので，本件の特殊事情として，身体拘束が長引くことで自宅の引き渡しができず損害賠償請求をされる可能性があること，そうなれば，Bだけでなく，妻と3人の幼い子供達が路頭に迷うことになるかもしれないという点を強調した．

　午後8時半頃，別の被疑者の接見を終えて，帰路についていた私に裁判所から電話があり，準抗告の申し立てが認められたということだった．後日届いた決定書によれば，準抗告が認められた理由として「友人などと口裏合わせなど罪証隠滅のおそれがないわけではないが，罪証隠滅のおそれの度合いがそれほど高いとはいえない．Bは定職に就き，間もなく完成する自宅に妻及び幼子と居住する予定であること，本件が偶発的な事案であり，暴行の態様も重いとまではいえないこと，Bには前歴があるが，前科がないこと等から逃亡すると疑うに足りる相当な理由があるとまでは認められない．失職な

ど身柄拘束が続くことによりＢが被るおそれがある不利益や，妻が身元引受書を提出していることに照らせば，捜査の必要性があることを考慮しても，勾留の必要性があるとまではいえない」ということだった．

　裁判所からの連絡後，すぐにＢの妻へ連絡し，近いうちに釈放されることを伝えると，Ｂの妻は喜び，とても安心したようだった．私も，身体拘束の必要がないと思った感覚が正しかったことを認められたようで嬉しかったし，別々の警察署の刑事事件を同時に３件も抱えるというハードな事態を回避することができて安心した．

　Ｂの処分については，略式命令で罰金であった．

4．当番弁護士の活動を振り返って

　Ｂの事件を受けた当時，私は，まだ登録２年目で当番弁護の出動も数回しかないような状況であった．また，準抗告の申立て自体もそれほど多くなく，Ｂの事件は準抗告が認められた数少ないケースとして印象に残っている．

　Ｂの事件では，接見した際，勾留までする必要があるのか疑問に感じたのと，さすがに別々の警察署の刑事事件を同時に３件も抱えられないという不純な動機で，躊躇なく準抗告の申立を行うことを決めたが，直ぐさま，スケジュールを立て，翌日には妻の協力も得られ，集中して準備と申立てを行うことができたことが，結果的には早期の身体解放に繋がったと思う．

　現在は，改正されて勾留全事件が国選の対象となっているが，この事件を担当した当時は被疑者国選対象外事件が存在していた．

　被疑者国選対象外事件の場合，被疑者が，被疑者援助制度など知らないことも多く，弁護人による適切な援助を受けることができていないことも少なくなかったのではないかと思う．被疑者国選対象外であったＢの事件は，当番弁護士による早期の接見と被疑者弁護活動への早期移行がいかに重要であるかを思い知らされた事件であった．

　今後も，初心を思い出し，可能な限り早期の接見，不当な身体拘束からの解放に向けた活動を精一杯行っていきたい．

（おおの・ちえみ／福岡県弁護士会）

年表・当番弁護士制度のあゆみ

1980年代		免田，松山，財田川，島田事件の死刑再審4事件
1986年〜1989年		上田接見国賠
1989年5月2日		NHKテレビ「ドキュメント冤罪──誤判はなくせるか・英米司法からの報告」
	9月15日〜16日	松江人権大会「刑事弁護は死に至る病を病んでいる」
	10月27日	東京弁護士会法友全期会シンポジウム「被疑者国選弁護の実現を目指して」

- 1990年1月27日　起訴前弁護活動に関する九州会議（福岡県弁護士会，九弁連）
- 1月28日　新聞各社より当番弁護士制度実施の記事掲載（福岡）
- 2月28日　九弁連当番弁護士制度構想試案作成
- 3月1日　日弁連国選弁護等委員会より刑事弁護センター構想の答申
- 4月1日　法律扶助協会，被疑者弁護人援助制度施行
- 　　　　福岡県弁護士会，刑事弁護等委員会を設置
- 9月22日　大分県弁護士会当番弁護士発足記念講演
- 10月6日〜15日　イギリス当番弁護士視察（福岡県弁護士会）
- 12月1日　福岡県弁護士会での当番弁護士実施
- 1991年11月21日　最高裁が当番弁護士制度に協力する方針を示す
- 1992年6月20日　福岡地裁が当番弁護士制度告知に協力する方針を示す
- 10月1日　当番弁護士制度，全国全ての単位会で実施
- 12月5日　日弁連当番弁護士制度記念実施集会
- 1993年1月24日　東芝日曜劇場「こちら当番弁護士」（主演・奥田瑛二）放映
- 11月1日　外国語で当番弁護士制度を告知
- 10月19日　最高裁判決に「当番弁護士制度」明記（大野正男裁判官の補足意見）
- 1994年1月12日　「当番弁護を支援する市民の会」発足（全国発）
- 1995年6月1日　当番弁護士制度緊急財政基金設置（日弁連全会員から特別会費1500円徴収決）
- 1996年10月30日　日弁連刑事弁護センターが全体会議において，「被疑者国選弁護制度の実現に向けての提案」を採択
- 11月5日　日弁連法律扶助改革推進本部が法律援助法要綱案を発表
- 　　　　法律援助の対象として，民事事件のほか，刑事事件，少年

	保護事件も含む
1997年10月17日	日弁連理事会で被疑者国選弁護試案を承認
10月31日	九弁連大会で「被疑者国選弁護制度の創設を求める決議」
1998年8月4日	被疑者弁護に関する意見交換会(最高裁・法務省・日弁連)
1999年3月25日	当番弁護士等緊急財政基金のため特別会費2200円を決定(日弁連)

2001年2月1日	福岡県弁護士会,「全件付添人制度」(少年保護事件のうち身体拘束のある全事件に付添人を派遣する制度)が全国で初めて発足
11月9日	司法制度改革推進法が国会で成立
12月1日	内閣に司法制度改革推進本部設置
12月7日	司法制度改革推進本部に公的弁護制度検討会が置かれることが決定
2002年2月28日	日弁連臨時総会において当番弁護士緊急財政基金のための特別会費の増額について審議
2004年2月中旬	司法制度改革推進本部において「刑事訴訟法等の一部を改正する法律案要綱(被疑者に対する国選弁護人制度の創設を含む)」「総合法律支援法案要綱(日本司法支援センターの創設を含む)」を作成
2月26日	日弁連総会「当番弁護士緊急財政基金のための特別会費徴収の件」可決(基金を3年延長)
5月28日	「刑事訴訟法等の一部を改正する法律案要綱(被疑者に対する国選弁護人制度の創設を含む)」公布
6月2日	「総合法律支援法案要綱(日本司法支援センターの創設を含む)」公布
2006年4月10日	日本司法支援センター発足
10月2日	被疑者国選弁護制度(第1段階)※一部重大事件に限定
2009年5月21日	被疑者国選弁護制度(第2段階)※対象事件が大幅に拡大
2016年5月24日	刑事訴訟法改正可決成立(被疑者国選弁護制度の対象事件拡大(第3段階),弁護人選任にかかる教示内容の拡充など)
12月1日	弁護人選任にかかる教示内容の拡充
2018年6月1日	被疑者国選弁護制度(第3段階)※対象事件が全勾留事件に拡大

◎おわりに

徳永　響
福岡県弁護士会
平成30年度刑事弁護等委員会委員長

　我々が，被疑者・被告人の権利利益を確保するための刑事弁護活動において，制度の存在や運用が「当然である」と思い込んでいる例は少なくない．しかし，例えば，当番弁護士制度や被疑者国選弁護人制度は言うに及ばず，被疑者・被告人との接見すら，昔から今まで変わることなく認められてきたわけではない．

　決して現状が当たり前ではないのである．

　弁護人がその時々の現状に疑問を抱き，改善に向けて様々な活動を続けてきたからこそ，従前の制度や運用は少しずつ改められてきた．その意味で，現在の制度や運用は，その時々の弁護士が，弁護人として，あるいは一弁護士として，被疑者被告人の権利実現に向けてたゆまず活動してきたことの集大成である．

　そうであるとすれば，現在の制度や運用が，どのような契機によって疑問と感じられ，どのように問題となり，どのような活動によって改善の方向が育まれ，どのような経緯で現在の制度や運用が勝ち取られたのかということを学ばなければ，現在の弁護人は自らが行う刑事弁護活動の重要性や権利行使の有用性を真に問うことはできないはずである．

　弁護人として自らの足元の歴史を紐解くことは必要不可欠である．

　刑事弁護のために構築された環境は脆い．

　仮に，現状に甘んじ，さらなる発展を停滞させれば，遅々としてではあるが，着実に歩んできた現状までの改善はすぐさま歩みを止めることとなる．のみならず，様々な紆余曲折を経て勝ち取った権利といえども，弁護人がこれを行使しないのであれば，すぐさま退化し権利性が失われる危険性を見ることもたやすい．

　これまでの先達と同様に，着実に刑事弁護の歩みを進めるためには，弁護人が自らの足元がどのような法的根拠や経緯，たゆまざる弁護活動によってもたらされているものかを知り，強い気持ちで一歩でも半歩でも先に進もう

としなければならない．

　本書によって，当番弁護士制度の全貌が明らかとされ，弁護士の熱意・苦しみや経緯がつまびらかにされた．

　しかし，本書が当会の過去への懐古とされてはならない．

　新たな制度の設計やその構築に向けた熱意や苦しみは，当番弁護士のみならず，すべての弁護士の活動に相通ずるものにほかならないからである．

　歴史を学び，弁護士が自らの足元を見つめ，不断の決意をもって行動することでしか，改善の歩みを進めることはできない．本書が将来の弁護士の活動方向を導く灯（ともしび）となることを祈念する次第である．

（とくなが・とよむ）

当番弁護士は刑事手続を変えた
弁護士たちの挑戦

2019年10月30日　第1版第1刷発行

編　　者…………福岡県弁護士会
発行人…………成澤壽信
発行所…………株式会社現代人文社
　　　　　　　〒160-0004　東京都新宿区四谷2-10ハッ橋ビル7階
　　　　　　　振替　00130-3-52366
　　　　　　　電話　03-5379-0307（代表）
　　　　　　　FAX　03-5379-5388
　　　　　　　E-Mail　henshu@genjin.jp（代表）／hanbai@genjin.jp（販売）
　　　　　　　Web　http://www.genjin.jp
発売所…………株式会社大学図書
印刷所…………株式会社ミツワ
装　　幀…………加藤英一郎

検印省略　PRINTED IN JAPAN　ISBN978-4-87798-739-8　C2032
Ⓒ 2019　福岡県弁護士会

本書の一部あるいは全部を無断で複写・転載・転訳載などをすること、または磁気媒体等に入力することは、法律で認められた場合を除き、著作者および出版者の権利の侵害となりますので、これらの行為をする場合には、あらかじめ小社また編集者宛に承諾を求めてください。